_____ 님, 넘치는 운에 올라타

하늘로 날아오르는 용이 되시길 기원합니다.

_____ 드림

내 주역은
내가 본다

내 운명은 내가 본다

주역편

내 주역은
내가 본다

DJ 래퍼 지음

SOUL SOCIETY

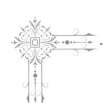
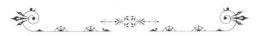

차례

프롤로그 《주역》으로 내 운명을 내가 볼 수 있습니다 7

1장 《주역》의 역사 12

《주역》이 동서양에서 3,000년간 주목받은 이유 14
《주역》의 두 가지 얼굴 18

2장 《주역》의 기본 개념 20

《주역》의 핵심 메시지, '만물은 변화한다' 22
'괘(卦)'를 알아야 《주역》이 보인다 24
소울주역카드 활용법 28

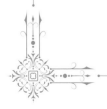

3장 《주역》 64괘에 대하여 34

01 중천건 36

02 중지곤 38

03 수뢰둔 40

04 산수몽 42

05 수천수 44

06 천수송 46

07 지수사 48

08 수지비 50

09 풍천소축 52

10 천택리 54

11 지천태 57

12 천지비 60

13 천화동인 62

14 화천대유 65

15 지산겸 67

16 뇌지예 70

17 택뢰수 72

18 산풍고 74

19 지택림 76

20 풍지관 80

21 화뢰서합 83

22 산화비 86

23 산지박 89

24 지뢰복 92

25 천뢰무망 94

26 산천대축 97

27 산뢰이 100

28 택풍대과 103

29 중수감 106

30 중화리 109

31 택산함 111

32 뇌풍항 113

33 천산돈 115

34 뇌천대장 118

35 화지진 120

36 지화명이 122

37 풍화가인 124

38 화택규 127

39 수산건 129

40 뇌수해 132

41 산택손 135

42 풍뢰익 138

43 택천쾌 140

44 천풍구 142

45 택지췌 145 46 지풍승 147

47 택수곤 149 48 수풍정 152

49 택화혁 155 50 화풍정 158

51 중뢰진 161 52 중산간 163

53 풍산점 166 54 뇌택귀매 168

55 뇌화풍 170 56 화산려 173

57 중풍손 175 58 중택태 177

59 풍수환 179 60 수택절 181

61 풍택중부 184 62 뇌산소과 186

63 수화기제 188 64 화수미제 190

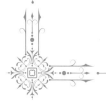

《주역》은 우리 인생의 내비게이션입니다 192

《주역》으로 내 운명을
내가 볼 수 있습니다

　　모든 일은 아버지의 암 선고로부터 시작됐습니다. 아버지의 삶이 6개월밖에 남지 않았다는 청천벽력과 같은 선고에 '내가 할 수 있는 게 아무것도 없다는 말인가?'라는 무력감 때문에 무척 괴로웠습니다. 그날부터 저는 매일 잠잘 시간을 아껴가며 아버지의 치유 가능성에 대해 연구하기 시작했습니다. 암과 관련된 학술논문까지 뒤져가면서 절박한 마음으로 공부했지요. 그러던 중, 한방 치료를 다룬 한 논문에서 눈길을 사로잡는 개념을 처음 접하게 됐습니다. 바로 음양오행 이론이었습니다. 세상 만물은 모두 순환을 한다는 음양오행의 개념은 아버지의 병도 인간이 겪는 생로병사의 과정이라는 사실을 자연스럽게 받아들이게 해주었습니다. 음양오행 이론이 아버지 병세를 치료하는 데 직접적인 효과가 있었던 것은 아니지만, 암 투병으로 힘들어하시는 아버지의 모습을 보며 무너져 내리던 제 마음을 추스르고 생과 사에 대해 깊이 생각하게 만드는 계기가 되어주었습니다.

　　이후 제 공부는 마치 물감이 물속에서 번져나가듯 사상의학과 체질 공부로, 또 동양철학의 세계로 자연스레 확장됐습니다. 공부를 하다 보니 제가 몰두했던 다양한 학문들이 별개로 떨어진 것들이 아니라는 사실도 알게 됐습니다. 음양오행의 원리를 괘상(卦象, 길흉을 나타내는 상)에 활용한 것이《주역》, 지리에 활용한 것이 풍수, 얼굴에 활용한 것이 관상, 글자에 활용한 것이 훈민정음, 신체에 활용한 것이 한의학, 인간의 삶 전반에 활용한 것이 명리학이라는 놀라운 사실을 알게 된 것이지요.

그렇게 동양철학에 심취해 공부를 한 지 3년 정도가 지나고 사서삼경(동양철학에서 중요하게 꼽는 일곱 가지 고전)이 무엇인지도 몰랐던 저는 음양오행의 원리를 바탕으로 한 동양철학의 백미는《주역》이라는 생각에 이르게 됐습니다. 제자가 무려 3,000명이었다고 하는 공자조차도 죽을 때까지 손에서 놓지 않았다는 전설의 책이 바로《주역》이란 걸 알게 되자,《주역》을 더 깊게 파고들고 싶은 승부욕도 생겼습니다.

중국 전한 시대의 역사가인 사마천의《사기》에 따르면, '공자는 말년에 역을 좋아했다'라는 구절이 나옵니다. 공자가《주역》을 처음 접한 나이는 47세였는데, 그때부터 공자는 책을 묶은 가죽끈이 세 번이나 끊어질 정도로《주역》을 읽었다고 합니다. 얼마나 많이 읽었으면 책을 단단히 묶은 가죽끈이 한 번도 아니고 세 번이나 닳아서 끊어졌을까요? 도대체 무엇이 공자로 하여금《주역》에 그토록 몰입하게끔 만들었는지 너무 궁금했습니다. 심지어 공자는 죽음을 앞두고 '하늘이 내게 몇 년 더 수명을 빌려준다면《주역》을 다 배워 큰 허물을 면할 텐데'라고 말했다고 합니다.《주역》을 둘러싼 이와 같은 이야기들은 저로 하여금《주역》과 씨름하게 했습니다.

다양한 버전의《주역》과 해설서를 수십 권 이상 읽어보니《주역》의 핵심이 한 글자로 요약되더군요. 바로 '늦'이었습니다. 늦은 '앞으로 어떻게 될 것 같은 일의 근원. 또는 먼저 보이는 빌미'를 뜻하는 우리말입니다. 어떤 일의 '조짐, 기미, 낌새' 등으로 생각해도 됩니다. 인생에서 늦이 사나운 사람이나 일을 만날 가능성은 언제나 열려 있습니다. 항상 좋은 일만 생기고, 항상 내 뜻대로만 흘러가는 인생이 있던가요? 그러기란 쉽지 않습니다. 아니, 그런 인생은 없습니다. 우리의 삶은 음양오행의 원리에 따라 순환하기 때문입니다. 상승과 하강을 반복하기 때문입니다.《주역》은 좋은 일이 생길 때는 어떤 자세로 맞아야 하며, 나쁜 일이 생길 때는 어떻게 헤쳐나가야 할지를 알려주는 길잡이가 되어 만사에 올바름을 잃지 않게 해주는 책입니다.

'초윤장산(礎潤張傘)'이라는 고사성어가 있습니다. 주춧돌이 젖어 있으면 우산을 펼쳐야 한다는 뜻입니다. 즉, 작은 언행, 주변의 사소한 조짐들로부터 이후에 벌어질 결과를 예측할 줄 알아야 한다는 말이지요. 주춧돌이 젖어 있으면 비를 맞을 확률이 높습니다. 이 사실을 알았다면 우리가 취할 수 있는 행동은 2가지입니다. 나가고자 한다면 우산을 펼쳐 들고 나서거나, 아니면 아예 밖을 나가지 말아야 합니다. 그래야 비를 안 맞습니다. 이처럼 삶을 살아감에 있어서 초윤장산의 지혜와 통찰을 발휘하고 변화의 도를 아는 것이 곧 늦을 아는 것입니다. 늦을 알면 어려움 앞에서도 담담히 대처할 수 있으며, 좋은 일 앞에서도 경거망동하지 않게 됩니다. 그러한 늦의 미덕을 가르쳐주는 책이 바로《주역》입니다.

《주역》을 공부하면서 한자의 압박과 두꺼운 분량 때문에 접근하는 것조차 어려웠던 이 책을 '모두가 쉽게 볼 수 있도록 만들 방법은 없을까' 하고 늘 고민했습니다.《주역》해설서는 전에 이미 쓴 적이 있지만, 해설서에 썼던 것보다도《주역》의 내용을 더 많은 사람들이 직관적으로 보고 이해할 수 있게 정리해보고 싶었습니다. 그런 마음을 품고 오랫동안 고민한 끝에 타로카드처럼 한글로 정제된 해설이 적힌 64괘 주역카드를 함께 제작하면《주역》을 처음 접하는 사람일지라도 그 내용을 이해하기 쉽겠다는 생각에 이르렀습니다. 이 아이디어가 떠오르자 깜깜한 밤중에 전조등이 켜진 것처럼 머릿속이 밝아졌습니다.

이 책은 64장의 소울주역카드를 활용하기에 앞서《주역》에 관한 기초적인 정보들을 알려드리기 위해 집필했습니다.《주역》의 역사를 비롯해《주역》의 기본 개념들을 처음 접하는 분들도 이해하기 쉽도록 정리하였지요. 또한,《주역》64괘에 대한 해설도 상세하게 정리했습니다. 그러므로 이 책을 먼저 일독해서《주역》이 어떤 메시지를 담은 책인지를 이해한 다음, 중요한 선택의 순간이나 매일 아침 루틴으로 소울주역카드 64장 중 하나를 뽑아 그 해설을 읽고 마인드컨트롤을 하시는 순서를 가장 추천합니다. 만일 소울주역카드 앞면에 적힌 해설로도 충분하지 않다면 그때는 이 책 뒷부분에 실린 64괘에 대한 보다 상세한 해설을 그때그때마다 되새기며 읽어도 좋습니다.

《주역》에는 인간이 살면서 겪을 수 있는 거의 모든 삶의 패턴이 담겨 있습니다. 따라서《주역》은 점서뿐만 아니라 이미 이룬 일에 대한 자만을 방지하고 앞으로 겪을지도 모를 어려움을 대비하게 해주는 매우 훌륭한 잠언서이기도 합니다.《주역》은 단순히 미래를 예언해주는 참언서(예언 참, 讖)가 아닙니다.《주역》은 인간의 삶 속에 펼쳐지는 다양한 상황 아래에서 어떤 행동을 해야 그 상황을 벗어날 수 있는지, 또는 어떻게 해야 그 상황을 미연에 방지할 수 있는지에 관한 경계를 담은 잠언서(경계 잠, 箴)입니다.《주역》은 그 잠언들을 64괘와 384효를 통해 절묘한 비유와 스토리텔링으로 우리의 인생사에 대해 풀이한 책입니다.

이 책을 통해 독자분들께서 《주역》이 추상적이고 어려운 책이라는 고정관념을 뛰어넘고, 《주역》의 문장들을 나날의 삶을 밝혀주는 지표로 삼아 늘 어제보다 더 나은 내일을 맞이하실 수 있기를 바랍니다.

1장

《주역》의 역사

《주역》이 동서양에서
3,000년간 주목받은 이유

　《주역》의 역사는 굉장히 오래된 만큼 저자에 관한 정보가 정확하지 않고 여러 가지 설(說)들이 분분합니다만, 보통 기원전 29세기경 제왕 복희씨(중국 고대 전설상의 제왕. 삼황[三皇]의 한 사람으로, 8괘를 처음으로 만들었다고 전해진다)가 황하강에 출현한 용마의 등에 있는 무늬를 보고 8괘를 만들고, 주나라 문왕(중국 고대 주 왕조의 기초를 닦은 명군)이 64괘의 괘사(卦辭)를, 그 아들인 주공(중국 고대 주나라의 기틀을 확립한 정치가로 공자가 가장 존경했던 인물이라고 한다)이 효사(爻辭)를 만들어 《주역》을 완성했다고 봅니다.

　《주역》은 발생지인 중국은 물론이고 같은 동양 문화권인 우리나라의 역사와 문화에도 지대한 영향을 미쳤습니다. 가령, 《훈민정음》의 제자 원리도 《주역》과 깊은 연관성이 있습니다. 한글의 창제 원리를 세세히 밝혀 적은 해설서인 《훈민정음 해례본》 중 〈제자해〉에는 다음과 같은 대목이 나옵니다. "천지의 도는 음양오행일 뿐으로 사람이 발성하는 소리도 음양의 이치를 갖추고 있고, 그 소리에 따라서 그 이치를 다한 것이 훈민정음이다." 이와 같은 제자 원리에 따라 ㅎ·ㅇ은 수(水)이며 북쪽, ㅋ·ㄱ은 목(木)이며 동쪽, ㄹ·ㄷ·ㄴ은 화(火)이며 남쪽, ㅁ·ㅂ·ㅍ은 토(土)이며 중앙, ㅊ·ㅈ·ㅅ은 서쪽이며 금(金)에 해당한다고 밝히고 있습니다.

조선 최고의 진경산수화가 정선은 자신의 호를 정할 때 《주역》의 힘을 빌렸습니다. 그가 뽑은 괘는 '지산겸괘'였는데, 이 괘에 들어간 한자 '겸'을 활용해 '겸재'라는 호를 짓고 이를 자신의 업을 이끌어가는 지표로 삼았습니다. 겸손과 근면한 태도는 그가 한 폭의 아름다운 그림을 완성해내기 위해 조선 팔도를 누비는 힘으로 작용했을 것입니다. 다산 정약용도 눈으로 보는 것, 손으로 잡는 것, 입으로 읊조리는 것, 마음으로 생각하는 것, 붓으로 기록하는 것부터 밥을 먹고 변소에 가며, 손가락 놀리고 배 문지르는 것에 이르기까지 어느 하나도 《주역》 아닌 것이 없었다고 술회할 만큼 우주 만물의 원리를 설명하는 책으로서의 가치를 인정했습니다. 그 외에도 임진왜란과 병자호란을 예언하며 나라의 안위를 걱정했던 토정 이지함, 화담 서경덕, 남명 조식 등 우리 역사의 수많은 인물들이 《주역》의 열렬한 마니아였습니다.

우주 만물의 생성과 그 변화의 패턴을 음양의 부호로 표시한 동양의 '역(易)' 철학은 현대 과학의 기본 원리가 되는 코드 이론, 유전자 구조, 디지털 이론, 양자역학 등에서도 그 흔적을 엿볼 수 있습니다. 아인슈타인은 《주역》의 핵심 개념인 음(--)과 양(—)의 상대적 관점을 바탕으로 상대성 이론을 완성했으며, 말년에는 태극의 원리인 통일장 이론에 매달렸습니다. 양자역학의 아버지인 덴마크 물리학자 닐스 보어의 '대립적인 것은 상보적'이라는 말은 '우주 만물은 태극에서 나와 음양이 되고, 음과 양은 상보적'이라는 《주역》의 내용과 일맥상통합니다. 보어는 음양의 이치를 담은 태극 문양에서 힌트를 얻어 양성자와 전자로 이루어진 원자 모델을 발견하는 업적을 세웠습니다. 심지어 그는 태극 문양을 자기 가문의 상징 문장으로 삼기도 했습니다.

빅뱅 우주론의 거장 스티븐 호킹은 양자역학이 지금까지 이룬 성과는 동양철학의 기본 개념인 음양과 태극을 과학적으로 증명한 것에 지나지 않는다고 했습니다. 스위스 정신분석학자 카를 융의 정신분석 이론 역시《주역》을 응용했음은 널리 알려진 사실입니다. 중국에 선교사로 파견되어 한학을 공부하며《주역》의 내용에 깊은 감화를 받았던 독일의 리하르트 빌헬름은 1924년《주역》의 독일어 번역서를 출간했는데, 이때 융은 이 책의 서문을 써서《주역》에 대한 자신의 깊은 감동을 드러내기도 했습니다.

독일 수학자 고트프리트 라이프니츠는《주역》을 세상에 널리 알린 인물입니다. 동양철학의 정수를 담은 책을 전 세계적으로 알린 인물이 동양인이 아닌, 서양인이란 사실이 다소 아이러니하기도 합니다. 라이프니츠가《주역》에 대해 알게 된 것은 청나라 황제 강희제의 개인 비서였던 선교사 부베가 1700년 11월 말에 작성한 편지를 통해서입니다. 라이프니츠는《주역》의 음과 양 개념을 보자마자 0과 1의 이진법 체계임을 알아채고 매우 놀라워했다고 합니다. 그는 오늘날 컴퓨터 프로그램 언어의 바탕인 이진법 체계를 발명한 인물이었는데, 동양의 음양 개념이 서양 수학자의 눈에 이진법으로 보였던 것입니다. 라이프니츠는《주역》의 이진법적 성격을 실제로 수학에 적용시킨 바 있습니다. 그는 1697년 파리과학학술원에서 〈이진법 정수론 주해〉라는 제목의 논문을 발표했는데, 이 논문의 부제를 '0과 1의 기호를 사용, 고대 동양 태호 복희의 괘상에 나타난 이진법 산술이 갖는 의미와 그 효용성에 관한 고찰'이라고 덧붙였습니다. 또한, 우연의 일치일지는 모르겠으나《주역》64괘의 숫자 64는 DNA 뉴런 구조와 일치하기도 합니다. 과학적 근거가 확인된 것은 아니지만, 생명체를 구성하는 기본단위인 DNA 구조가 우주 만물의 원리를 다루는《주역》의 괘수와 일치한다는 것은 상당히 의미심장합니다.

　이외에도《주역》에 매료됐던 인물들은 매우 많습니다. 일본 에도시대 하이쿠 시인 마츠이 바쇼나 중국 북송시대 문인 소동파, 당나라 시인 백거이는 물론이고 헤르만 헤세, 괴테, 예이츠 등 유럽의 유명한 문학가들도《주역》의 원리와 세계관에 빠졌습니다. 헤르만 헤세는 소설《유리알 유희》에서《주역》의 괘를 활용해 작품의 근간으로 삼았습니다. 그뿐만이 아닙니다.《주역》은 바다를 건너 남미 대륙까지도 전해졌습니다. 멕시코 작가 옥타비오 파스와 아르헨티나 작가 호르헤 보르헤스도《주역》을 애독했습니다. 보르헤스는 스페인어판《주역》에 헌시를 쓰기도 했습니다.

　《주역》은 서양에 'The Book of Changes'라는 제목으로 소개됐습니다. 말 그대로 '변화의 책'입니다. 세상 만물은 끝없이 변합니다. 상황이 변하기를 바라고, 인생이 변하기를 바라는 것은 인지상정입니다. 제행무상(諸行無常), 즉 인간과 자연을 포함한 모든 존재의 근본 양상은 '변화'입니다. 우리의 삶 역시 변화의 연속입니다. 영원한 승리도 없고, 영원한 패배도 없습니다. 화무십일홍(花無十日紅), 인불백일호(人不百日好), 세불십년장(勢不十年長)입니다. 아름다운 꽃도 열흘이 지나면 시들기 마련이고, 사람도 100일 동안 좋을 수는 없으며, 권세 역시 10년을 못 갑니다. 중천에 떠 있던 해도 기울기 마련이며, 달도 차면 이지러지는 것이 자연의 법칙입니다. 밤이 새면 낮이 오고, 겨울이 가면 봄이 옵니다. 이러한 질서로 인해 천지자연이 유지되고, 인간과 세상 만물이 존재할 수 있는 것이지요. 이렇듯 우주 자연은 상승하고 하강하는 질서가 명확합니다. 그리고《주역》은 이러한 만물의 변화를 읽는 기술입니다.

《주역》의
두 가지 얼굴

《주역》은 3,000년 전에 쓰인 책이지만 그 안에는 시간과 공간을 넘어 언제 어디서나 적용할 수 있는 보편타당한 진리가 담겨 있습니다. 또한, 현실에서 일어나는 모든 문제에 대한 대처 방안이 담긴 철학과 처세의 책이기도 합니다. 《주역》에 대한 접근법은 점을 치는 '역술'과 사상을 연구하는 '역학'으로 구분됩니다. 이 중 역학은 다시 '상수역학'과 '의리역학'으로 분류되는데, 상수역학은 괘상(괘의 모습)과 역수(괘에 해당하는 숫자)를 바탕으로 인간의 길흉화복을 예측합니다. 의리역학은 주로 도덕의 차원에서 《주역》을 재해석합니다.

이 책은 역학의 관점보다 역술의 관점에서 《주역》을 대중화하기 위해 쓰였습니다. 점은 고대의 사고방식이자 생활양식이기도 합니다. 고대 신화에서 신의 신탁을 받는 행위도 점을 치는 것이며, 《구약성서》에도 다양한 점술이 등장합니다. 민간에서 통용된 제비뽑기나 포춘 쿠키도 점술의 일종입니다. 분석심리학의 창시자인 융은 심리적 사건과 물리적 사건 사이에 비인과적 관계가 있다는 '동시성(Synchronicity)'의 원리를 제시하면서 점을 긍정적으로 검토한 바 있습니다. 점을 단순히 미신으로만 치부할 것이 아니라는 말입니다.

《주역》으로 점을 치는 일은 세종대왕과 이순신 장군의 루틴이었다는 사실을 아시나요? 세종대왕은 한글 창제를 할 때도 《주역》의 원리를 적극 반영했고, 충녕대군 시절부터 《주역》에 능통했습니다. 《조선왕조실록》에 실린, 여진 북벌을 감행할 당시 세종대왕이 내린 교지에는 이런 내용이 담겨 있었습니다. '주역 점을 안 쳐도 안 되고, 완전히 믿어서도 안 된다. 하지만, 반드시 참조하라'. 또한, 이순신 장군은 자신의 집무실 이름을 '운주당(運籌堂)'이라고 이름 붙였는데, 문자 그대로 '점을 치는 공간'이라는 의미입니다. 여기서 '주(籌)'는 주역 점을 치기 위한 산(算)가지를 가리킵니다. 실제로 《난중일기》에는 주역 점 사례가 많이 실려 있습니다.

이 책은 이순신 장군의 모닝 리추얼이었던 《주역》 점을 초심자들도 충분히 따라 할 수 있도록 만들어졌습니다. 예전에는 《주역》 점을 칠 때 상당히 복잡한 과정을 거쳐야 했습니다. 이 책은 그러한 옛 방식을 오늘날의 방식으로 현대화하고자 했습니다. 바로 64괘의 내용을 담은 소울주역카드가 그것입니다. 소울주역카드가 산가지를 대신한다고 보면 됩니다.

2장

《주역》의 기본 개념

《주역》의 핵심 메시지,
'만물은 변화한다'

일찍이 선험적 예지가 발달했던 동양에서는 계절의 변화나 달이 차고 기우는 것을 통해 '변화'가 우주의 본질임을 깨달았습니다. 《주역》은 음과 양, 2개의 핵심 요소로 변화의 이치를 설명합니다. 그 이치를 아주 간단하게 요약하면 다음과 같습니다. '음의 기운이 다하면 양의 기운으로 변하고, 양의 기운이 다하면 음의 기운으로 변한다.' 《주역》의 제목에 담긴 뜻은 매우 심플합니다. '주나라(기원전 1046년~256년) 시대의 역'이라는 뜻이지요. '역(易)'은 '바뀌다'라는 의미를 가진 한자입니다. 즉, 《주역》은 경험과 현상을 근거로 만물의 변화를 다룬 책입니다.

《주역》을 풀이한 '십익(〈단전〉, 〈상전〉, 〈계사전〉, 〈문언전〉, 〈설괘전〉, 〈서괘전〉, 〈잡괘전〉의 7종 10편으로 이루어진 주역 해설서)' 중 하나인 〈계사전〉에는 '일음일양지위도(一陰一陽之謂道)'라는 말이 나옵니다. 이를 풀이하자면 '한 번 음하고 한 번 양한 것이 도'라는 뜻입니다. 즉, 음양의 끊임없는 순환이 바로 천지자연의 법도라는 말입니다. 이러한 《주역》의 원리는 지난 수천 년간 여러 학문과 예술에서 반복된 메시지입니다. '매일 이별하며 살고 있구나'라는 김광석의 노래 가사도, 그리스 철학자 헤라클레이토스의 '같은 강물에 두 번 들어갈 수 없다'라는 말도 결국은 '세상이 끝없이 변화함'을 말하고 있는 것이지요.

　이 세상에는 음(하강)만 계속되는 삶도 없고 양(상승)만 계속되는 삶도 없습니다. 상황은 반드시 바뀌게 되어 있습니다. 이 세상에 영원한 것은 아무것도 없지요. 그러므로 우리는 겸손하게 살아가야 합니다. 음과 양이 서로 계속 바뀌는 것, 이것은 인간 삶의 기본값입니다. 《주역》은 읽는 사람의 생각과 태도, 즉 삶에 대한 기본값을 바꿔주는 책입니다. 삶의 기본값을 바꾸면 인생이 바뀝니다. 또한, 어렵기만 했던 인생이 쉬워집니다. 역(易)이 '바꾸다, 바뀌다' 외에 '쉽다'라는 뜻을 가진 이유가 이제야 이해가 됩니다. 그리고 그 변화의 시작에 《주역》이 있습니다.

'괘(卦)'를 알아야
《주역》이 보인다

≡≡≡ ≡ ≡≡≡

《주역》의 핵심 메시지를 이해했다면, 그다음으로《주역》64괘의 형성 원리를 알아야 합니다. 앞서 설명했듯이《주역》에서는 우주를 구성하는 기본 사물, 사건 및 개념과 속성을 8가지로 나누고, 그것을 양(+)과 음(-)의 2가지 기호를 통해 표현했습니다. 이른바 '8괘' 입니다. 가령, 건(☰)은 하늘, 태(☱)는 연못, 리(☲)는 불, 진(☳)은 우레, 손(☴)은 바람, 감(☵)은 물, 간(☶)은 산, 곤(☷)은 땅의 속성을 나타냅니다. 이와 같이 우주 만물의 가장 기본적인 상태를 표현한 괘를 '소성괘'라고 합니다.

그런데 하나의 괘는 3개의 작대기로 이루어져 있습니다. 괘를 구성하는 가로로 긴 획을 '효(爻)'라고 부릅니다. 효는 모양에 따라 2종류로 나뉩니다. 중간에 끊기지 않고 한 줄로 이어진 효를 '양효(陽爻)'라고 합니다. 중간에 끊어진 효를 '음효(陰爻)'라고 합니다. 음효와 양효가 3개씩 겹쳐질 때 나타날 수 있는 경우의 수가 모두 8개이므로 총 8개의 소성괘가 만들어졌습니다.

다음의 표는 8개의 소성괘가 나타내는 상징들을 정리한 내용입니다. 참고로 8괘에는 '선천8괘'와 '후천8괘'가 있으며 이 책에서는 따로 표시하지 않는 한, 후천8괘를 말한다고 보시면 됩니다. 선천8괘는 복희씨가 구체화했기에 '복희8괘'라고도 부르고, 후천8괘는

이름	표상	자연	성정	가족	선천 8괘	후천 8괘	동물	신체 부위	기관	오행	이진법
건(乾)	☰(천)	하늘	굳셈	아버지	남	서북	말	머리	대장	금(金)	111
태(兌)	☱(택)	연못	기쁨	소녀	동남	서	양	입	허파	금(金)	110
리(離)	☲(화)	불	이별	중녀	동	남	꿩	눈	심장	화(火)	101
진(震)	☳(뢰)	우레	움직임	장남	동북	동	용	발	쓸개	목(木)	100
손(巽)	☴(풍)	바람	따름	장녀	서남	동남	닭	넓적 다리	간	목(木)	011
감(坎)	☵(수)	물	험난	중남	서	북	돼지	귀	콩팥	수(水)	010
간(艮)	☶(산)	산	그침	소남	서북	동북	개	손	위	토(土)	001
곤(坤)	☷(지)	땅	유순	어머니	북	서남	소	배	비장	토(土)	000

문왕이 정리했기에 '문왕8괘'라고도 부르는데 둘 다 우주 만물의 변화 원리를 8괘로 설명합니다.

선천8괘와 후천8괘에서 각 괘가 나타내는 방향이 다소 다른데, 그것은 어떤 것이 맞고 틀리는지 문제가 아니라 이론상의 차이점이라고 보시면 됩니다. 그 차이를 깊이 들여다보는 것은 역술이 아닌 역학의 영역이므로 이 책에서는 다루지 않았습니다.

소성괘인 8괘가 각각 2개씩 짝을 이루어 위아래로 중첩되면 총 64개의 대성괘를 만듭니다. 이때 위에 올라가는 괘를 '상괘(上卦)', 아래에 배치되는 괘를 '하괘(下卦)'라고 합니다. 대성괘를 구성하는 6개의 효는 효위(爻位, 효의 자리)에 따라 맨 밑에서부터 차례대로 '초효(初爻), 이효(二爻), 삼효(三爻), 사효(四爻), 오효(五爻), 상효(上爻)'라고 부릅니다. 보통 다섯 번째 효인 오효를 왕의 위치라고 봅니다.

대성괘를 볼 때 '중정(中正)'의 개념을 이해하고 있으면 좋습니다. '중(中)'은 그 효가 가운데 위치를 차지했는지 여부입니다. 6개의 효 중 이효와 오효는 각각 하괘와 상괘의 가운데 자리가 되므로, 이 자리에 오는 효를 '득중(得中)' 했다고 부르며 길하게 해석하는 경우가 많습니다. 그 외의 효는 모두 '부중(不中)' 했다고 부르며 대개 궁색함을 의미합니다.

'정(正)'은 효의 자리가 바른지 여부입니다. 즉, 효의 자리와 효성(효의 성질)이 맞는지를 따지는 것입니다. 양의 기본값인 3은 홀수이므로 양효(─)의 바른 자리는 홀수 자리(초효, 삼효, 오효)입니다. 음의 기본값인 2는 짝수이므로 음효(--)의 바른 자리는 짝수 자리(이효, 사효, 상효)입니다. 즉, 초효, 삼효, 오효 자리에 양효가 오면 '득정(得正)', 음효가 오면 '부정(不正)'입니다. 반대로 이효, 사효, 상효 자리에 음효가 오면 득정, 양효가 오면 부정입니다. 일반적으로 '득중 득정'이면 길하고, '부중 부정'이면 좋지 않다고 봅니다. 득중은 득정보다 강하므로 혹시 부정하더라도 득중이면 괜찮다고 봅니다. 대성괘는 '사물과 사건에 대한 시공간의 방정식'이라고 할 수 있습니다. 상괘와 하괘의 조합을 통해 하늘과 땅, 그리고 인간세계에서 벌어지는 모든 현상을 드러내는 것이지요.

《주역》64괘는 인간의 삶에서 경험할 수 있는 사물이나 사건의 64가지 유형(패턴)을 은유적이고 상징적으로 가리킵니다.《주역》64괘는 우리에게 나 자신과 나를 둘러싼 세상을 보는 관점을 제공합니다. 나의 아집에 갇히지 않고 타자의 위치에서 나와 내게 일어나는 일들을 바라보면서 자신을 점검하고 조절하게 해줍니다. 이를 오늘날의 언어로 바꿔 말하면《주역》은 메타 인지를 키워주는 텍스트라고도 할 수 있습니다. 더 높은 차원에서 나를 성찰하게 해주는 도구입니다.

대개의 사람들은 위기에 봉착하면 당황하게 되고 눈앞이 깜깜해집니다. 좋은 일이 생겼을 때도 마찬가지입니다. 당장 눈앞의 행복에 겨워 자칫 마음이 들떠 자만하거나 경거망동하기 십상입니다. 어떠한 일이 나에게 닥치든 그것에 휩쓸리지 않고 내 안의 중심을 지키고 순리대로 살아가기 위해서는 나와 나를 둘러싼 일과 거리를 두고 그것이 찾아온 시기와 환경의 흐름을 살필 줄 알아야 합니다. 즉, 관점의 획기적인 변화(易)가 필요합니다.

《주역》64괘에 담긴 뜻을 매일 음미하고 사색하며, 내 생활의 기준점으로 삼다 보면 그러한 안목이 차츰 길러질 것입니다. 그러고 나면 상황에 휘둘리지 않고 늘 여유를 가지고 삶을 부드럽고 유연하게 운용해갈 줄 아는 사람으로 거듭날 수 있습니다.

그럼 이제 본격적으로《주역》64괘 각각의 의미를 알아보며 내 삶의 획기적인 변혁을 이끌 인사이트를 얻기 위한 여정을 떠나보겠습니다.

소울주역카드
활용법

《주역》에 대한 깊이 있는 지식이 없는 분들도 소울주역카드를 통해 자신의 미래를 알아볼 수 있도록 그 활용법에 대해 정리해보았습니다.

운명의 내비게이션
소울주역카드

소울소사이어티 스마트스토어에서 소울주역카드를 포함한 다양한 제품을 만나보세요!
smartstore.naver.com/tacaso

1단계: 질문 정리하기

먼저 궁금한 질문을 정리해야 합니다. 질문은 구체적일수록 좋습니다. 소울주역카드는 내 무의식과 외부 세계가 호응하여 앞으로 펼쳐질 국면에 대한 경계 지침을 알려주는 도구입니다. 그렇기 때문에 구체적인 행동, 마음가짐, 태도 등을 물어볼 때에 비로소 의미 있는 메시지를 받을 수 있습니다.

　단, 불법적인 일이나 사람을 해치는 일, 또는 나쁜 일에 대해서는 점을 치지 않는 것이 원칙입니다. 부모, 형제, 자식, 처, 관운, 재물, 사업, 결혼, 직장, 이동, 선택, 합격, 문서, 질병, 건강, 출행, 운세 등에 관해 점을 치되, 구체적으로 카테고리를 나누면 아래와 같습니다.

재물점

- 돈을 벌거나 받음에 있어 형통한지를 묻는 구재점
- 부동산이나 주식 매매를 통한 득재 여부를 묻는 점
- 개업 시기가 적절한지를 묻는 점

애정점

- 이성 친구와의 연인 관계에 대한 점
- 인연이 어떻게 될지를 묻는 점
- 혼인 또는 이혼에 대한 점
- 부부 또는 연인 관계에 대한 점

우환점

- 이사나 이직을 둘러싼 길흉에 관한 점
- 근심, 걱정 등 우려하는 바를 묻는 점

관재, 송사점

- 관재구설(官災口舌)을 염려하는 점

- 원고, 피고를 막론하고 소송에 관한 점
- 남녀노소를 막론하고 다툼에 관한 점

관계점

- 쌍방 간 심리나 속마음에 관한 점
- 직원의 고용에 대한 점
- 직장 동료나 세입자, 사업 파트너와의 인연에 대한 점

대인점

- 기다리는 사람이나 상황에 대한 점

문서점

- 계약, 협상을 앞두고 계약서, 증권, 합격, 증명 등에 관해 묻는 점
- 문서로 인한 구설, 논란에 대한 점

승부점

- 경기, 소송, 경매, 싸움, 도박, 심리, 당선, 시험 등 각종 승부 상황에 대한 점

신수점

- 당사자의 운세나 현재 상태, 우환, 근심, 걱정, 안위, 변동 등을 묻는 점

건강점

- 신체, 건강, 질병, 통증 등에 대해 묻는 점

- 임신, 출산 등에 대해 묻는 점

공명점
- 취직, 승진, 당선, 임용 등에 대해 묻는 점

출행점
- 외출, 여행, 출장, 방문 등 집을 나서는 일에 대한 점

해몽점
- 꿈의 풀이에 대한 점
- 일반적인 꿈 해몽과는 다르며, 이 꿈으로 인해 어떤 국면이 펼쳐질 것인가에 대해 묻는 점

2단계: 카드 뽑기
눈을 감고 질문에 대한 생각을 하면서 소울주역카드를 2장 뽑되, 질문에 대한 가장 긍정적이고 이상적인 상황을 머릿속에 그림을 그리듯이 구체적으로 생각하도록 합니다. 뽑은 2장의 카드 중 1장은 왼쪽에 두고 다른 1장은 오른쪽에 둡니다. 소울주역카드를 뽑는 방법은 64장의 카드를 한 손에 쥐고 다른 한 손으로 바로 뽑는 방법과 바닥이나 책상에 스프레드 천을 깔고 천 위에 카드 뒷면이 위로 오게 하여 쭉 펼친 다음, 1장을 손으로 집는 방법 등이 있습니다.

3단계: 해석하기
왼쪽 카드는 현재의 상황, 오른쪽 카드는 앞으로 변화할 상황으로 해석해야 합니다. 책을 펼쳐서 자신이 뽑은 카드에 그려진 괘의 설

명이 적힌 페이지를 찾아 읽어보면 현재 내게 필요한 경계의 메시지를 알 수 있습니다. 또한, 앞으로 어떤 마음가짐을 가져야 하는지, 앞으로 어떤 국면이 펼쳐질지에 대한 힌트까지도 얻을 수 있습니다.

소울주역카드로 주역점을 볼 때, 주의 사항이 하나 있습니다. 하나의 질문을 두고 여러 번 카드를 뽑는 것은 좋은 방법이 아닙니다. 처음으로 나온 카드에 담긴 메시지를 우선 실행하고 그 결과를 살펴본 뒤, 상황이 바뀌었을 때 다시 뽑는 것을 권합니다. 이런 방식으로 매일 아침 오늘 우주가 나에게 건네는 조언은 무엇인지 소울주역카드를 뽑아 알 수 있습니다. 내가 바라는 오늘 하루의 모습을 구체적으로 생각하면서 카드를 뽑으면 더욱 의미 있는 메시지를 받을 수 있을 것입니다.

DJ 래피의
주역 마스터 클래스

내 주역은 내가 본다? 남의 주역도 내가 본다! 《주역》을 더욱 심도 있게 공부하고 싶다면, 소울클래스(soulclass.kr)에서 'DJ 래피의 주역 마스터 클래스'를 만나보세요. 《주역》을 해석하는 넓고 깊은 안목을 길러주는 강의가 준비되어 있습니다.

독자님을 위한 특별한 혜택

DJ 래피의 주역 마스터 클래스
10% 할인 쿠폰 코드: 내주내본

소울클래스(soulclass.kr) 회원 가입 후, 오른쪽 상단 MY-쿠폰 등록하기 메뉴에서 쿠폰 코드 '내주내본' 입력 후 수강 신청 시 '쿠폰 적용하기'를 선택하시면 할인된 금액으로 결제가 가능합니다.

3장

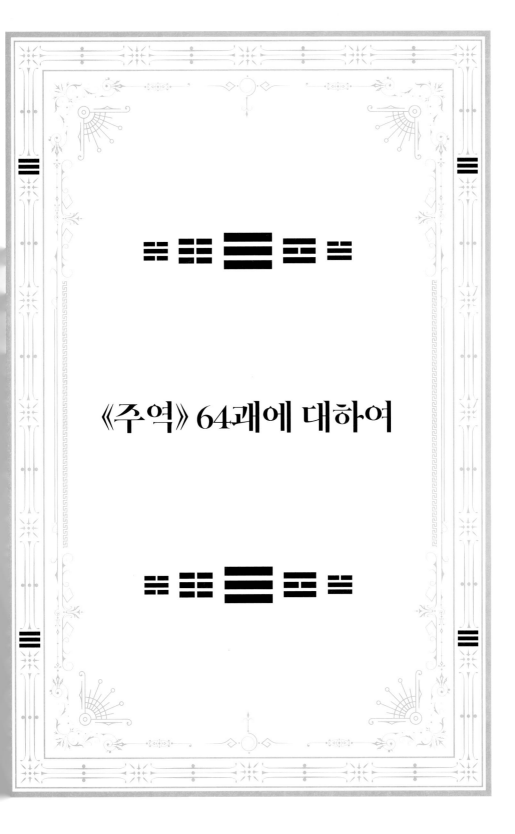

《주역》 64괘에 대하여

중천건(重天乾)
The Creative

건상(☰)
건하(☰)

❖ 키워드
#하늘 #천지인 #항룡유회

> **"하늘 괘입니다.**
> **힘차게 날아오를 때입니다.**
> **만사형통으로 결실을 맺습니다."**

비록 아직 명성을 얻지 못했더라도 근심하지 마세요. 꾸준하게 뜻을 펼치면 곧 기회가 옵니다. 혼자 힘으로 성공하는 사람은 없습니다. 귀인의 도움을 얻어 힘차게 날아오르되, 너무 높이 날지는 마세요. 하늘 끝까지 올라가버리면 내려올 일만 남습니다.

《주역》의 첫 번째 괘는 중천건입니다. 중천건은 건상건하, 즉 위도 하늘(건괘 ☰), 아래도 하늘(건괘 ☰)로 '하늘이 중복됐다(중천)'는 뜻입니다. 《주역》 64괘는 중천건으로 시작하는데, 중천건의 긴 막대기 6개는 양의 기운이 굳세게 펼쳐지는 모습을 가리킵니다. 하늘은 잠시도 쉬지 않고 움직이며 낮과 밤을 만들고, 봄-여름-가을-겨울의 사계절을 만듭니다.

성공한 인생을 살아가려면 때를 만나야 하고, 환경적 요소가 갖춰져야 하고, 능력 있는 사람들이 주위에서 도움을 주어야 합니다. 즉, 천시(天時), 지운(地運), 인덕(人德)을 갖춰야 하지요. 건괘는 이런 요소들을 중심으로 인생의 성공과 실패를 규명합니다. 잘나가는 사람은 혹여 행동에 지나침이 없는지를 돌이켜보고, 못 나가는 사람은 혹여 행동에 비굴함이 없는지를 돌이켜보아 항상 부끄럼 없는 인간이 되라는 이야기입니다.

중천건의 핵심 문장은 '항룡유회(亢龍有悔)'입니다. 항룡은 너무 높이 올라가 더 나아갈 수 없는 용을 말합니다. 높은 자리로 날아올랐다고 해도 용은 자신의 능력만으로 하늘을 날아간 것이 아닙니다. 때가 맞고, 주변의 도움이 있었기에 가능한 일이었습니다. 높은 지위에 있는 자도 삼가지 않으면 언젠가는 하늘 아래로 추락하여 후회하게 됩니다. 이렇게 궁극에 도달하고 나면 변하는 것이 《주역》에서 설명하는 우주 만물의 법칙입니다. 호운(好運)이 오면 조심조심 받아들이고, 악운(惡運)이 오면 자중하여 때를 기다리라는 것이 《주역》이 가르쳐주는 운명에 대처하는 방법입니다.

중지곤(重地坤)
The Receptive

곤상(☷)

곤하(☷)

❖ 키워드
#땅 #포용 #리상견빙지

"땅의 괘입니다. 만사형통이지만 때로 결실을 맺지 못하더라도 좌절하지 말고 순응하세요."

도전하세요. 처음에는 헤맬 수 있지만 나중에는 결실을 맺습니다. 가까운 벗들을 돕되, 대립하지 마세요. 넓은 마음으로 품어 안아야 길합니다. 작은 조짐을 읽어 다가올 큰일을 대비하며 입조심을 해야 할 때입니다. 중용의 덕으로 널리 베풀면 으뜸으로 길할 것입니다.

중지곤은 곤상곤하, 즉 위도 땅(곤괘 ☷), 아래도 땅(곤괘 ☷)인, 땅이 중복된 괘입니다. 중지곤은 위와 아래가 모두 끊어진 막대기, 즉 음(⚋)으로 구성되었습니다. 음은 수렴하면서 에너지를 축적함을 나타내는데, 조용히 쉬면서 세력을 쌓아 키우는 것으로는 땅만한 것이 없습니다. 땅은 하늘의 기를 받아들여 만물을 소생시킵니다. 곤(땅)이 없으면 건(하늘)의 힘이 발휘되지 않습니다. 이는 상사를 보좌하는 유능한 부하나 남편을 내조하며 자녀를 양육하는 현명한 부인과 같습니다.

　　중지곤은 욕심을 버리고 서로 도와야 한다고 가르칩니다. 상생이야말로 평화와 번영으로 가는 지름길입니다. 자신의 능력을 과시하여 명성을 얻으려 하다 보면 틀림없이 불상사가 생깁니다. 포용력과 인내심을 가지고 유순한 마음으로 늘 맡은 일에 충실해야 하며, 남을 돕더라도 그 사실을 다른 이들에게 알리지 않으며, 영광이 돌아오더라도 남에게 돌려야 합니다. 그럼으로써 더 큰 보람을 얻을 수 있습니다.

　　중지곤의 핵심 문장은 '리상견빙지(履霜堅氷至)'입니다. '서리를 밟다 보면 단단한 얼음에 이른다'는 뜻인데, 작은 일이 누적되어 점차 커지게 된다는 것입니다. 이는 대형 사고가 1건 터지기 전까지 가벼운 사고가 29번 일어나고, 사고가 일어날 뻔한 위기는 300번이나 반복된다는 '하인리히 법칙'과도 상통합니다.

수뢰둔(水雷屯)
Difficulty at the Beginning

감상(☵)

진하(☳)

❖ 키워드
#새싹 #고난 #리건후

"새싹 괘입니다.
당장은 힘이 들지만 조급히 서두르지 말고
경륜과 덕을 갖춘 귀인의 도움을 받으세요."

새싹이 꽁꽁 언 땅을 뚫고 나오느라 휘어진 모습입니다. 지금은 힘이 들지만 곧 싹을 틔우므로 희망적입니다. 고난과 인내의 시간이 지루할지라도 성숙의 시기를 기다려야 합니다. 벼는 가을이 와야 익고, 물은 영하로 내려가야 얼음이 됩니다.

수뢰둔은 감상진하, 즉 위는 물(감괘 ☵), 아래는 우레(진괘 ☳)인 괘입니다. 수뢰둔은 '어린 싹이 땅을 뚫고 올라오는 것은 쉽지 않다'라는 뜻이기도 하고, '우레가 구름 밑에 있어서 아직 진동할 만한 기세에 도달하지 못하고 있다'라는 뜻도 되며, '물속에 우레가 들어 있는 상으로 험난함에 가로막혀 나오는 데 어려움을 겪고 있다'라는 의미이기도 합니다. 모두 고난을 상징하기는 하나 새로운 탄생을 위한 진통의 고난이요, 앞으로의 비약을 준비하는 머묾입니다. 지금은 물 밑에 있지만 힘이 축적되면 반드시 하늘로 치솟을 것입니다.

수뢰둔(䷂)은 《주역》의 64괘 중에서 택수곤(䷮), 중수감(䷜), 수산건(䷦)과 더불어 고난을 의미하는 4대 난괘 중 하나입니다. 하지만 현재는 혼란을 겪고 있는 상황이라고 해도 그것이 마냥 절망적인 상황을 뜻하는 것만은 아닙니다. 그러하니 고난 가운데에서도 희망을 가지고 때를 기다리면 됩니다. 초목의 여린 싹이 눈 속에서 봄이 오기를 기다리는 것과 같으니까요. 고난의 시간은 앞으로의 성공을 위한 것이기에 이를 극복하기만 하면 길한 운을 기대할 수 있습니다.

수뢰둔의 핵심 단어는 '리건후(利建侯)'입니다. 어려움의 초기에는 돌봐주고 이끌어줄 제후(귀인, 조력자)를 세우는 것이 이롭다는 뜻입니다.

04

산수몽(山水蒙)
Youthful Folly

간상(☶)

감하(☵)

❖ 키워드

#교육 #스승 #동몽

> "교육의 괘입니다.
> 스승을 찾아 배움을 청하세요.
> 교육을 통해야만 성장합니다."

만물의 시작은 어리고 무지몽매합니다. 처음 시작할 때는 시행착오와 실수를 저지르며, 그것을 발판 삼아 완성의 길로 들어섭니다. 모든 물의 발원은 작은 샘물입니다. 이것이 작은 개울, 강이 되어 이윽고 바다가 됩니다. 배우는 사람의 가장 바람직한 자세는 몸을 낮추는 것입니다.

산수몽은 간상감하, 즉 위는 산(간괘 ☶), 아래는 물(감괘 ☵)인 괘입니다. 산수몽은 몽매함을 깨우친다는 데서 교육의 의미를 갖습니다. 먼저 깨우친 사람은 뒤에 깨우칠 사람을 가르쳐주는데, 어리석은 사람이 밝음을 찾아야 스승의 도가 확립됩니다. 산수몽의 형상은 산 아래에서 솟아나는 샘물의 모습을 나타내는데, 이처럼 인간도 지류에서 큰 강으로 가려면 교육이 필요합니다.

산수몽의 핵심 단어는 '동몽(童蒙)'입니다. 동몽은 목적이나 실용성과 관계없이 세상 이치에 대한 궁금증으로 가득 찬 순수한 학문의 세계를 가리킵니다. 자연과의 일체를 추구하는 학문이라고 할 수 있습니다. 어린 임금이 유능한 신하에게 가르침을 받는 모습이 그려집니다. 물정에 어둡고 답답할 때는 몸을 낮추고 스승을 따르면 교육 효과를 얻을 수 있습니다. 동몽은 배우는 사람의 가장 바람직한 자세입니다.

헤르만 헤세의 《유리알 유희》에도 산수몽괘가 나옵니다. 이 소설에서 헤세는 리하르트 빌헬름이 독일어로 번역해놓은 산수몽에 대한 괘사를 약간 고쳐 인용했습니다. 헤세가 참조했던 빌헬름의 산수몽의 괘사 해석은 다음과 같습니다.

'젊은 시절의 어리석음이란 하등 나쁜 것이 아니다. 젊음이란 성공을 거둘 수 있는 것이다. 다만, 노련한 스승을 찾아내어 그의 올바른 가르침을 따라야 한다. 여기에는 우선 자기 자신의 미숙함을 느끼고 스승을 찾는 것이 중요하다.'

05

수천수(水天需)
Waiting(Nourishment)

감상(☵)

건하(☰)

❖ 키워드
#기다림 #성실 #수우주식

"기다림의 괘입니다.
기다림에는 굳은 믿음이 있어야 합니다.
그래야 형통하고 길합니다."

구름이 하늘에 있으니 기다리면 비가 되어 내립니다. 기다림의 최고 경지는 느긋하고 즐거운 기다림입니다. 성실한 마음으로 힘과 기운을 기르면서 때를 기다리면 언젠가는 기회를 얻을 수 있습니다. 변함없는 마음, 항심을 가지세요.

수천수는 감상건하, 즉 위는 물(감괘 ☵), 아래는 하늘(건괘 ☰)인 괘입니다. 구름이 비가 되려면 때와 조건이 맞아야 하듯이, 기다림은 내실을 기하는 시간입니다. 기다림의 경지 중에서도 최고의 기다림은 '즐겁게 기다림'입니다. 이는 곧 능동적인 기다림을 일컫습니다. 뚜렷한 목적을 설정하고, 성실한 마음으로 힘과 기운을 기르면서 때를 기다리면 언젠가는 기회를 얻을 수 있습니다.

어머니 배 속에서 10달을 기다려 이 세상에 나오는 순간부터 모든 걸 내려놓고 죽는 순간까지 우리 인생은 기다림의 연속입니다. 누구나 태어나서 죽을 때까지 자기의 뜻이나 목표가 이루어지기를 기다리며 삽니다. 아마도 우리 삶에 기다림이 없다면 희망이 없는, 의미 없는 삶이 되고 말 것입니다.

수천수의 핵심 문장은 '수우주식(需于酒食)'입니다. 술과 음식과 더불어 기다린다는 뜻입니다. 마음 편하게 즐기면서 기다린다면 끝내 길합니다. 가정이 안정되고 자신의 활동도 잘 유지하며 기다린다는 것은 지금 나의 현실에 충실한 기다림으로 그 끝이 길합니다. 자신의 평소 생활을 즐기며 목표와 기대한 바를 잊은 듯이 느긋하게 기다리는 것이야말로 정말 멋진 기다림입니다.

06

천수송(天水訟)
Conflict

건상(☰)
감하(☵)

❖ 키워드
#소송 #다툼 #불영소사

"소송의 괘입니다.
싸움은 숨 막히고 두려우니 끝까지 가면 흉합니다.
지금은 조력자를 찾아 몸을 사릴 때입니다."

싸우지 않고 이기는 것이 최상입니다. 싸워서 이긴다 해도 득이 되지 않습니다. 오히려 인심을 잃고 원망만 듣게 됩니다. 겸손과 양보로 대립을 피하는 것이 좋습니다.

천수송은 건상감하, 즉 위는 하늘(건괘 ☰), 아래는 물(감괘 ☵)인 괘입니다. 건(乾), 즉 하늘은 위로 오르고, 수(水)의 성질은 아래로 흐르는 것이므로 서로의 향하는 바가 다르기 때문에 쟁송이 일어남을 표현합니다. 다툼이란 서로 자기 의사를 고집함으로 인해 생깁니다. 끝없는 대립은 금물입니다.

송괘는 소송, 재판 등의 다툼을 가리킵니다. 서로 자기의 의견만 고집하기 때문에 불협화음이 생겨 싸움이 벌어지고 소송이 일어나게 됩니다. 이럴 때, 아무리 자신에게 타당한 이유가 있다 하더라도 끝까지 자신의 뜻을 관철시키려고 하면, 오히려 상대방을 노하게 하며 불리한 결과를 초래하게 됩니다. 중정한 덕으로 분별하여 화해하면 길하고, 끝까지 송사를 벌이면 흉합니다. 따라서 송사를 잘 분별하여 양자 간의 충돌을 원만하게 해결해줄 대인(大人), 즉 훌륭한 조력자를 만나는 것이 이롭습니다. 천수송괘에서 눈여겨볼 부분은 어떻게 해야 잘 싸울 수 있는지를 말하지 않는다는 점입니다. 오히려 싸움을 피하라고 가르칩니다.

천수송의 핵심 문장은 '불영소사 소유언 종길(不永所事 小有言 終吉)'입니다. 이는 '송사를 길게 하지 않으면 조금 구설수가 있더라도 끝내는 길하다'라는 뜻입니다. 한마디로 송사는 오래할 것이 못 됩니다. 적당한 시기에 그쳐야 합니다. 그렇게 하면 다소의 말썽은 있을 것이나 결국은 길합니다. 따지고 보면 세상사가 전부 송사입니다. 싸움 아닌 것이 없습니다. 그리고 싸움에서는 이길 때도 있고 질 때도 있습니다. 그리고 상대를 잘 살펴서 무모한 싸움은 멈추는 것이 상책입니다. 다음을 도모해야 하는 것이지요. 인생은 일진일퇴(一進一退)입니다.

07

지수사(地水師)
The Army

곤상(☷)

감하(☵)

❖ 키워드

#군대 #전쟁 #사좌차

"군대의 괘입니다.
어쩔 수 없이 전쟁에 나서야 한다면
대장은 노련해야 길하고 허물이 없습니다."

인생은 사랑과 전쟁입니다. 부부 싸움, 고부 갈등, 친구나 동료와의 다툼 등 살다 보면 크고 작은 생활 속 전쟁을 치르기 마련입니다. 되도록이면 싸우지 않는 것이 좋겠지만, 어쩔 수 없이 싸워야 한다면 반드시 엄격한 규율이 있어야 합니다. 진격만이 의미가 있다고 생각하지만, 무리한 공격은 오히려 패배의 원인이 되곤 합니다. 여의치 않을 때는 잠시 물러날 줄도 알아야 합니다. 2보 전진을 위한 1보 후퇴를 모르면 소인배나 다름없습니다.

지수사는 곤상감하, 즉 위는 땅(곤괘 ☷), 아래는 물(감괘 ☵)인 괘입니다. 땅 아래로 흐르는 작은 물줄기가 마치 군사처럼 모여 큰 지하수 줄기가 되는 모양이며, 영웅이 여러 군졸을 거느린 상입니다. 사(師)는 흔히 스승이라는 의미로 해석합니다. 그런데《주역》의 지수사는 스승은 스승이되, 제갈공명 같은 군사 전략가를 가리킵니다. '사(師)' 앞에 '군(軍)'이라는 말을 붙이면 조금 더 의미가 명확해집니다. 그래서 지수사는 군사 전략가, 군대, 전쟁 등 다양한 의미로 해석할 수 있습니다. 전쟁은 될 수 있으면 피해야 합니다.《손자병법》에도 '비위부전(非危不戰)'이라고 해서 위급한 상황이 아니면 싸우지 말 것을 권합니다. 고수는 자주 싸우지 않습니다.

지수사에서 말하는 대장은 군대의 통솔자이자 전쟁의 지휘자로서 지혜, 식견, 전략, 판단의 현명함, 실천의 과단성 등을 두루 갖춘 탁월한 장수입니다. 그런 장수가 있는 군대라면《손자병법》에 나오는 '승리하는 군대는 먼저 이겨놓고 싸운다'라는 문장처럼 싸움하기 전에 이미 승리를 얻어놓은 셈이나 다름없습니다.

지수사의 핵심 문장은 '사좌차 무구(師左次 无咎)'입니다. 이는 군사가 후퇴하여 진영을 지키니 허물이 없다는 뜻입니다. 전투는 진격, 멈춤, 후퇴의 3가지 전술에 바탕을 두고 행해집니다. 우리는 흔히 진격만이 의미가 있다고 생각하지만, 무리한 공격은 오히려 패배의 원인이 되곤 합니다. 사정이 여의치 않을 때는 물러날 줄도 알아야 하며, 때로는 멈출 줄도 알아야 합니다. 전투에서의 후퇴나 멈춤은, 그것 자체로 허물이 아닙니다. 이는 결국 전쟁에서 중요한 것은 한두 번의 후퇴와 같은 전술상의 문제가 아니라, 최종적인 승리임을 강조한 것입니다.

08

수지비(水地比)
Holding Together(Union)

감상(☵)

곤하(☷)

❖ 키워드

#친밀함 #협력 #왕용삼구

> "친밀함의 괘입니다.
> 화목해야 길합니다.
> 밝은 덕으로 모두를 포용하며 가까이하세요."

인간은 서로 의지해야만 살 수 있습니다. 대지는 물을 안아주고, 물은 땅을 적시면서 친애하고 협력하여 만물을 생성합니다. 인간 역시 상부상조해야 편안해질 수 있는 것이니, 반드시 가까이하며 돕는 바가 있어야 합니다.

수지비는 감상곤하, 즉 위는 물(감괘 ☵), 아래는 땅(곤괘 ☷)인 괘입니다. 물이 땅 위에 있는 상, 또는 대지가 그 위에 물을 담고 있는 상입니다. 땅 위에는 물이 있어야 모든 생물이 살 수 있습니다. 하나의 양을 중심으로 여러 음이 모여 서로 가까이하며 돕고 돕는 관계를 형성하는 괘가 수지비입니다.

원래 사람은 고립된 채로 살지 못합니다. 옛사람이 사람 '인(人)' 자를 서로 의지하여 일어서는 모습으로 만들어놓은 것은 인간의 본성을 잘 파악한 것입니다. 여기서 의지하고 산다는 것이 곧 '인화(人和)'입니다. 땅과 물이 서로 화합하여, 대지를 생명으로 충만하게 해주듯이, 인간을 따사롭고 아늑한 평화 속에 살게 해주는 것은 인화의 힘입니다. 인간이 행복할 수 있게 해주는 것도, 인간이 마음을 모으고 힘을 합하여 큰일을 성취하고 훌륭한 공적을 남길 수 있게 해주는 것도, 따지고 보면 모두 그 근본은 인화에 있습니다. 인화를 떠나서는 인간에게 평화와 행복, 그리고 성공이 있을 수 없습니다.

수지비의 핵심 단어는 '왕용삼구(王用三驅)'입니다. 어진 임금은 사냥에 나가도 삼구(三驅)를 사용합니다. 삼구는 사방 가운데 한 곳만 열어놓고 사냥감을 모는 방식입니다. 주변의 사냥감을 몰살시키지 않는, 어질고 아량이 넘치는 사냥 방식인 것이지요. 예전에는 작은 물고기는 잡지 않고, 봄여름에 나무가 한창 자랄 때는 벌목을 금하는 등 자연을 취하면서도 한편으로 살리고자 했던 암묵적인 규율이 있었습니다. 이처럼 사람과의 관계에서도 '삼구의 도'를 유념한다면 얼마나 아름다운 세상이 되겠습니까?

09

풍천소축(風天小畜)
The Taming Power of the Small

손상(☴)

건하(☰)

❖ 키워드
#작은 축적 #성숙 #밀운불우

"작은 축적의 괘입니다.
구름이 빽빽하나 비가 오지 않음은
아직 때가 오지 않았기 때문입니다."

하늘의 기운이 화합하여 비를 만들어내듯이 서로 노력하고 합심하면 결국 이루게 됩니다. 막히더라도 성실하게 조금씩 저축하듯이 노력하세요. 그러면 또 다른 기회가 옵니다. 성공 이후에는 함께 고생한 이웃들과 나누어야 합니다. 축적한 부를 혼자서 누리면 모두 흩어집니다.

풍천소축은 손상건하, 즉 위는 바람(손괘 ☴), 아래는 하늘(건괘 ☰)인 괘입니다. 소축(小畜)은 하늘에서 바람이 불어와 구름을 쫓는 형상입니다. 소축은 음 하나가 5개의 양을 움직이지 못하도록 제어하고 있는 구조입니다. 음 하나가 나머지 양을 저지하는 것은 그 구속력이 적다는 의미에서 소축입니다. 축은 '축적, 정지'의 뜻이 있습니다.

풍천소축은 '뜻한 바를 힘차게 밀고 나가다 보면 중간에 음을 만나 딱 한 번 막히게 된다. 가다가 한 번 막히면 거기서 너무 큰 것을 바라지 말고 성실하게 있는 자리를 구축해서 조금씩 저축하듯이 지켜라. 그러다 보면 언젠가 또 다른 기회가 온다. 그때까지는 일단 자제하며 여건의 성숙을 기다려야 한다'라는 의미입니다.

풍천소축의 핵심 단어는 '밀운불우(密雲不雨)'입니다. 하나의 음이 다섯의 양을 축지하고 있으나 결집한 바가 견고하지는 못하므로 마치 구름이 빽빽하지만 비를 만들지 못하는 바와 같습니다. 소축은 그 이름처럼 조금 쌓이는 것입니다. 무언가 일을 도모하기에는 아직 힘이 약하니 서두르지 말고 기다려야 합니다. 그래야 형통합니다.

10

천택리(天澤履)
Treading(Conduct)

건상(☰)

태하(☱)

❖ 키워드

#신발 #호랑이 꼬리 #리도탄탄

> **"신발의 괘입니다. 호랑이 꼬리를 밟았는데
> 물리지 않으려면 얼마나 조심해야 하겠습니까?
> 이렇게 조심한다면 반드시 형통합니다."**

세상을 살아간다는 것은 호랑이 꼬리를 밟는 것과 같이 위태로운 일입니다. 조심하며 너그럽고 부드럽게 헤쳐나가세요. 소박하게 밟아가면 허물이 없습니다. 느리더라도 전진하세요. 다만, 자질과 능력이 아직 부족한데도 욕심만 넘쳐 경거망동하면 뜻을 이루기는커녕 오히려 화를 입게 됩니다. 서툰 재주로는 호랑이를 다룰 수 없는 법입니다.

천택리는 건상태하, 즉 위는 하늘(건괘 ☰), 아래는 연못(태괘 ☱)인 괘입니다. 천택리는 상하의 질서를 존중하고 그 질서를 유지하기 위하여 예의를 지켜야 함을 알려줍니다. 하늘은 높은 곳에 있어서 아래로 내려오는 일이 없습니다. 양은 언제나 위로 오르려는 성질이 있습니다. 연못물은 아래에 있어서 하늘과는 그 거리가 너무 멉니다. 하늘은 높은 것이지만 때로는 비를 보내어 연못물을 도와주어야 하고, 때로는 그 자신의 마음과 모습을 맑은 연못물 속에 내려보내어 담아내기도 해야 합니다. 그래야 비로소 하늘과 연못물 사이에는 서로의 상관성이 생기고, 호응이 있고, 협력하게 됩니다.

인간관계에서도 윗사람은 윗사람대로 자기의 높은 지위에만 심취해 자신을 높이기만 하고, 아랫사람은 아랫사람대로 윗사람을 돕고 협조하려는 생각이 없어 서로의 마음이 먼 거리로 따로따로 떨어져 있다면 이것은 상하의 뜻이 괴리하게 될 뿐입니다. 상하의 질서를 존중함의 본질은 서로 간의 긴밀한 관련과 협조입니다. 다만, 서로 협조하는 방법에서 각자가 지켜야 할 한계와 예의가 엄연히 있어야 합니다. 이러한 까닭으로 세상을 살아가는 것은 호랑이 꼬리를 밟는 것처럼 위태로운 일입니다.

천택리의 핵심 단어는 '리도탄탄(履道坦坦)'입니다. 탄(坦)은 '평탄하다, 너그럽다'라는 뜻입니다. 탄탄(坦坦)은 좌나 우로 치우치지 않는 중도, 부드러워서 누구나 좋아하는 포용력과 유연성, 지극히 편안함을 의미합니다. 천택리는 범의 꼬리를 밟았을 때 어떻게 처신하는 것이 좋은 방법인지를 설명합니다. 부드러움으로 강함을 헤쳐 나가라는 것입니다. 그러나 한없이 부드럽거나 나약해야 한다는 말은 아닙니다. 때로는 굳센 의지로 주인 의식을 갖고 흔들리지 않아야 밝은 미래를 맞이할 수 있습니다. 즉, 모질고 험한 상황에서는 일단 부드러운 자세로 주위나 상대방에게 적응하면서도, 내 안에는 굳센 의지를 가지고 중심을 잡아나가는 자세를 고수해야 합니다. 그러한 태도가 흔들리지 않는다면 결국에는 밝은 미래가 도래한다는 것이지요. 아무리 흉포한 자라고 해도 예를 다하여 자신을 믿고 따르는 사람에게는 해를 끼치지 않습니다.

지천태(地天泰)
Peace

≣≣≣≣≣≣

곤상(☷)

건하(☰)

❖ 키워드
#태평 #교감 #무평불파 #무왕불복

"태평의 괘입니다.
천지가 교감하듯 행동하면
매우 길하고 형통합니다."

세상에 독불장군은 없습니다. 함께 나아가야 길합니다. 너그럽게 포용하고 과감하게 헤쳐나가며 숨은 인재를 발탁하고 파벌을 없애면 숭상함을 얻을 것입니다.

지천태는 곤상건하, 즉 위는 땅(곤괘 ☷), 아래는 하늘(건괘 ☰)인 괘입니다. 원래 땅인 곤은 아래에 있어야 하고, 하늘인 건은 위에 있어야 합니다. 그러나 그렇게 되면 양은 계속 위로 오르려 하고 음은 계속 아래로 향하여 서로 절대 만나지 못합니다. 그래서 지천태는 위아래가 뒤집힌 모양입니다. 땅의 기운이 위에 있고, 하늘의 기운이 아래에 있는 것이지요. 그로 인해 상하가 서로 사귈 수 있게 됐습니다. 지천태가 길하고 형통한 것은 이 때문입니다.

경복궁에 가면 교태전(交泰殿)이라는 공간이 있습니다. 교태전은 중전의 침전입니다. 흔히 중전이 교태를 부리는 곳이라고 오해하지만, 이곳의 이름은 바로 《주역》의 지천태에서 따왔습니다. 교태(交泰)는 천지교태(天地交泰)의 준말로 하늘과 땅이 서로 교통하여 태평하다는 뜻입니다. 지천태는 하늘의 마음과 땅의 마음이 화합하여 서로 통하는 괘라서 《주역》 64괘 중에서 가장 이상적인 괘입니다. 땅이 위에 있고 하늘이 아래에 있어 모양 자체는 자연스럽지 않지만, 《주역》의 해석은 다릅니다. 하늘의 기운은 언제나 위로 향하고 땅의 기운은 아래로 향하는 것이기 때문에 교감이 이루어지고 서로 만난다는 것입니다. 그런 맥락에서 지천태는 역지사지(易地思之)와 같은 의미입니다.

지천태의 핵심 문장은 '무평불파 무왕불복(无平不陂 无往不復)'입니다. 이는 '평탄하기만 하고 비탈지지 않은 평지는 없으며, 가기만 하고 되돌아오지 않는 것은 없다'라는 뜻입니다. 세상에 평평하기만 한 길은 없습니다. 멀리 보이는 지평선도 가까이 가서 살펴보면 실은 비탈과 언덕길이 이어집니다. 인생도 마찬가지입니다. 평지만 계속되는 인생이 없고, 비탈만 계속되는 인생도 없습니다. 마냥 탈 없고 행복해 보이는 사람들도 그 나름의 고난과 어려움을 안고 살아갑니다. 그러므로 무엇보다도 자기 인생에 대한 신념과 긍지가 가장 중요합니다. 안일에 빠지지 말고 항상 어렵고 위태로울 때를 생각하여 정도를 행한다면 허물이 없을 것입니다. 어려움이 있더라도 정도를 고수해야 오래도록 편안함을 지킬 수 있습니다.

12

천지비(天地否)
Standstill(Stagnation)

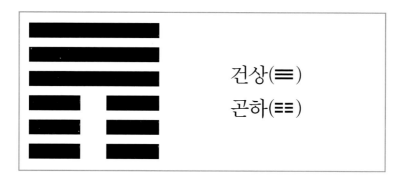

건상(☰)

곤하(☷)

❖ 키워드
#막힘 #교감 #기망기망 #계우포상

"막힘의 괘입니다.
교감하세요.
소통이 끊어지면 이롭지 못합니다."

손을 잡고 똘똘 뭉쳐야 길하고 형통합니다. 어떤 유혹이나 위협에도 굴하지 말고 위기가 없을 때에도 항상 위기의식을 잃지 않아야 지혜로운 처신이 됩니다.

천지비는 건상곤하, 즉 위는 하늘(건괘 ☰), 아래는 땅(곤괘 ☷)인 괘입니다. 하늘이 위에 있고 땅이 아래에 있는 형상이므로, 언뜻 보기에는 자연스럽습니다. 하지만 이 괘는 '비(否)괘'라 이름하고 비색(否塞), 즉 소통되지 않고 막혀 있는 상태로 풀이합니다. 왜냐하면 하늘의 기운은 올라가고 땅의 기운은 내려가기 때문에 천지가 서로 교감하지 못하고 만나지 못하기 때문입니다. 하늘은 저 혼자 높고 땅은 하늘과 아무 상관없이 저 혼자 아래로 향해 있으니 이는 소통이 아닌 불통의 대표적인 모습입니다. 이럴 때일수록 뜻이 같은 동지들이 서로 연대하여 인내하면 막힘이 풀리는 날이 찾아옵니다.

천지비의 핵심 문장은 '기망기망 계우포상(其亡其亡 繫于苞桑)'입니다. 직역하자면 '혹시 망할까 망할까 하는 심정으로 조심해야만 열매가 뽕나무 떨기에 간신히 매달려 있는 듯할 것이다'입니다. 즉, 위기가 없을 때에도 항상 위기의식을 잃지 않고 사람과 함께해야 지혜로운 처신이 될 것이라는 뜻으로 해석합니다.

〈계사전〉에는 '위자사평 이자사경(危者使平 易者使傾)'이라는 말이 있습니다. 위태로울까 여기는 자(危者)는 정신이 모아지므로 당연히 평안케 되고, 소홀히 여기는 자(易者)는 정신이 흩어지니 당연히 기울어지는 이치라는 것이지요. '거안사위(居安思危)'도 같은 맥락입니다. 평안할 때에도 위험과 곤란이 닥칠 것을 생각하며 잊지 말고 미리 대비해야 한다는 말이지요. 그 출발은 한마음 한뜻으로 동료와 함께 연대하는 것입니다.

13

천화동인(天火同人)
Fellowship with Men

건상(☰)
리하(☲)

❖ **키워드**
#대동단결 #동지 #동인우야

> "대동단결의 괘입니다.
> 다만, 공명정대하게 힘을 합쳐야 형통하고
> 어떤 험난한 일도 다 극복할 수 있습니다."

불이 훨훨 타올라 위로 올라가니, 위에 있는 건괘와 뜻을 같이합니다. 대동단결이 필요합니다. 동지를 구하여 힘을 합치세요. 단, 혈연 등 연에 얽매이지 않고 널리 사람을 불러 모아야 허물이 없습니다.

천화동인은 건상리하, 즉 위는 하늘(건괘 ☰), 아래는 불(이괘 ☲)인 괘입니다. 천화동인은 여러 사람이 뜻을 같이하는 것, 즉 대동단결을 이야기합니다. 하늘의 기운은 항상 위로 향하고, 불의 기운도 항상 위로 향합니다. 아래에 있는 불은 훨훨 타올라 위로 올라가니, 위에 있는 하늘 괘인 건괘와 뜻을 같이하지요. 동인(同人)은 '뜻을 같이한다' 또는 '동지를 구하여 함께한다'라는 뜻입니다. 사람은 혼자 살아갈 수 없습니다. 서로 기대어 살아가는 존재입니다. 그래서 인간은 공동체를 이루고, 네트워크를 만들어 교류합니다. 이렇게 '동인' 하는 것은 인간이 가지고 있는 기본적인 속성입니다.

천화동인의 핵심 단어는 '동인우야(同人于野)'입니다. 야(野)는 들판입니다. 들판은 탁 트인 곳이며, 비밀이 없고 만인이 볼 수 있는 공개적인 장소입니다. 그렇게 공공연하게 볼 수 있는 곳에서 공명정대하게 동인 한다면 누구나 자연스럽게 모일 수 있습니다. 그렇게 되면 뜻을 같이하는 사람들의 힘이 모아져 형통할 것이고, 그 힘으로 큰 강을 건너는 것에 이로움이 있습니다. 세상을 살아가면서 누군가와 뜻을 같이한다는 것은 매우 중요하고 의미 있는 일입니다. 모든 사람들에게 공정하게 대한다면 바른 동인이 됩니다.

동지를 규합할 때는 그 사람의 장점을 존중하고 단점을 함부로 바꾸려고 들지 말아야 합니다. 연애를 할 때도 그 사람의 좋은 점을 바라봐야지 내 마음에 들지 않는 점을 바꾸려고 하면 싸움만 남습니다. 사람에게는 누구나 장점과 단점이 있습니다. 다른 사람의 장점을 살릴 줄 아는 사람이 사람을 쓸 줄 아는 사람입니다. 세종 재위 29년, 과거시험 문제를 왕이 친히 출제했습니다. '인재 활용의 핵심은 왕의 태도에 달려 있는데, 인재를 구해 쓰는 방법은 무엇이 있겠는가?' 이 시험에서 장원급제를 한 강희맹의 답안은 이렇습니다. 그의 답안 속에 천화동인의 핵심이 고스란히 담겨 있습니다.

'흥성하는 시대는 반드시 인물이 있기 때문이고 쇠퇴하는 시대는 그만 한 인재가 없기 때문입니다. 세상에 완벽한 사람은 없으니 합당한 자리에 기용해 기르고, 전능한 사람도 없으니 일을 맡겨 능력을 키우도록 해야 합니다. 인재를 구하는 원칙은 단점은 버리고 장점을 취하는 것입니다. 이렇게 하면 탐욕스러운 사람이든 청렴한 사람이든 부릴 수가 있습니다.'

14

화천대유(火天大有)
Possession in Great Measure

리상(☲)
건하(☰)

❖ 키워드

#소유 #협동 #자천우지

"소유의 괘입니다.
사람들과 더불어 함께 나누면
큰 성과를 거두게 됩니다."

하늘에 해가 떠서 천하를 비추는 모습입니다. 단, 과도한 욕심과 유혹을 조심하세요. 절대 과시해서는 안 됩니다.

화천대유는 리상건하, 즉 위는 불(이괘 ☲), 아래는 하늘(건괘 ☰)인 괘입니다. 대유(大有)는 크게 소유함을 이릅니다. 화천대유는 해가 이미 떠 있고 하늘 가운데 걸려 천하를 비추고 있는 형상입니다. 겸허하여 사람들과 협동하는 자에게는 천하가 돌아옵니다. 사람과 더불어 함께하면 자연히 큰 성과를 거두게 됩니다.

대유는 아래에서 다섯 번째 막대기만 유일하게 음입니다. 다섯 번째 막대기의 자리는 군주의 자리입니다. 음은 발산보다는 수렴하는 성향을 가집니다. 그래서 다섯 번째 음의 막대기가 나머지 5개의 양 막대기들의 보좌를 받아 영토를 확장하고 재물을 불린다고 해서 이 괘의 이름에 대유가 들어가게 됐습니다. 불은 무언가를 밝혀 줍니다. 밝아지면 물질이 풍요롭고 살기 좋은 시절이 됩니다. 그러나 밝을수록 그림자도 짙어지는 법이지요. 풍요로운 가운데 빈부의 격차가 많이 나면 없는 사람은 가지려고 죄를 짓고, 있는 사람은 더 갖기 위해 죄를 짓기 마련입니다. 따라서 이런 상황일수록 악을 막아야 하고, 선을 북돋워야 합니다.

화천대유의 핵심 문장은 '자천우지 길무불리(自天祐之 吉无不利)'입니다. 불과 하늘처럼 뜻을 같이하는 사람과 함께한다면 하늘이 스스로 돕는 것이나 다름없으니, 길하여 이롭지 않음이 없다는 뜻입니다. 스스로 믿음을 지니고 하늘에 순응하기를 생각하며, 또 어진 이를 존경하게 된다면 하늘은 스스로 돕는 자를 도우니 길하여 순조롭지 않은 것이 없게 됩니다.

15

지산겸(地山謙)
Modesty

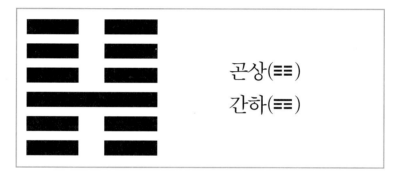

곤상(☷)

간하(☶)

❖ 키워드
#겸손 #낮춤 #겸겸군자

> "겸손의 괘입니다.
> 겸손만이 마지막까지 편안해지는 비결입니다.
> 유종의 미를 거두세요."

높은 산이 땅 아래에 들어간 듯 겸손함을 장착하세요. 교만한 자는 오래가지 못하고, 겸손한 자는 오래갑니다. 달도 차면 기웁니다. 세상에 영원한 것은 없습니다.

지산겸은 곤상간하, 즉 위는 땅(곤괘 ☷), 아래는 산(간괘 ☶)인 괘입니다. 《주역》에서는 오만함을 경계하기 위해 겸손을 얘기하는 지산겸괘를 놓아두었습니다. 겸손한 군자는 자기 자신을 잘 관리하기에 모든 일에 형통할 뿐만 아니라 마지막까지 편안합니다. 지산겸은 땅 위에 우뚝 솟아 있어야 할 산이 땅 밑에 있습니다. 높은 산이 낮은 땅에 허리를 굽혀 겸손한 자세를 취한다는 뜻도 되지만, 산을 헐어 땅의 패인 곳을 메워 평평하게 한다는 뜻도 됩니다. 군자와 소인은 따로 있는 것이 아닙니다. 그 사람의 언행과 겸손함의 정도에 따라 때로는 군자도 되고 때로는 소인도 되는 것이지요. 높은 지위에 있고 많은 것을 소유하게 되면 교만해지기 때문에 반드시 의식적으로 겸손해야 합니다.

　하늘의 기운은 차면 반드시 기울게 하고 기울면 반드시 채워줍니다. 높은 산도 바람과 비에 깎여서 낮아지며, 낮아져서 움푹 들어간 데는 어김없이 물이 흘러 들어가서 내를 이룹니다. 교만한 자에게는 재앙과 손해가 있고, 겸손한 자에게는 복과 길함이 있습니다. 인간은 교만하고 부유한 자를 꺼리고 미워하며, 겸손한 자에게는 호감을 느껴 친해지고 싶어 합니다. 겸손함은 높은 지위에 있을 때는 더욱 빛이 나게 해주고, 낮게 처해 있을 때는 자기를 낮추어도 누구도 그이를 무시하지 않게 해줍니다. 겸손한 자에게는 마침내 이룸이 있으니, 원하는 일이 모두 형통하고 처음에 운이 막혀도 뒤에는 열립니다.

　지산겸의 핵심 문장은 '겸겸군자 용섭대천 길(謙謙君子 用涉大川 吉)'입니다. 겸손하고 또 겸손한 군자라면 큰 내를 건너는 모험을 해도 길하다는 뜻입니다. 겸겸군자(謙謙君子)는 자기를 낮춤으로써 자기 수양을 하는 자입니다. 겸양은 군자의 덕목 중에 가장 중요한 것입니다. 똑똑하고 출세한 사람일수록 겸손함까지 갖추기란 참으로 어려운 일입니다. 달도 차면 기울고 그릇도 차면 넘칩니다. 그러니 교만한 것은 오래가지 못하고, 겸손한 것은 오래갑니다. 겸손하다는 것은 내 몸을 낮추고 뒤로 물러설 줄 알며, 남을 높이고 앞세워주는 아름다운 덕이요, 삶의 질을 높이고 인간다운 삶을 사는 행복입니다.

16

뇌지예(雷地豫)
Enthusiasm

진상(☳)

곤하(☷)

❖ 키워드
#기쁨 #신중 #코끼리

"코끼리의 괘입니다.
코끼리가 물을 건너기 전
머뭇거리고 망설이듯 신중하세요."

득의양양 자만심에 차서 교만하면 흉합니다. 코끼리(豫, 예)는 조심스러우며 경거망동하지 않습니다. 말하기 전에 한 번 더 생각하고, 행동하기 전에 한 번 더 돌아볼 줄 알아야 허물이 없습니다.

뇌지예는 진상곤하, 즉 위는 우레(진괘 ☳), 아래는 땅(곤괘 ☷)인 괘입니다. 우레가 지상으로 나오는 모습이지요. 즉, 양이 땅속에 숨어 있다가 때가 되어 지상으로 나올 때 내는 우렁찬 소리가 마치 음양이 합창하여 즐거워하는 상으로 비치기 때문에 '예(豫)'라 이른 것입니다. 하지만 예(豫)는 '기뻐한다'라는 뜻과 더불어 '코끼리, 머뭇거리다'라는 이중의 뜻이 있습니다. 하여 춤을 추면서 시끌벅적하게 즐기라는 것이 아닙니다. 자연의 흐름 혹은 이치에 따르는 즐거움이며 신중하게 접근하라는 괘입니다.

뇌지예의 핵심 단어는 '예(豫)'라는 글자입니다. 예(豫)는 '미리 예, 기뻐할 예, 머뭇거릴 예, 큰 코끼리 예'이자 '예정', '예상', '예측', '예보'의 예(豫)이기도 합니다. '코끼리 상(象)'과 음을 나타내는 '미리 예(予)'가 합쳐져서 이루어진 글자로, 코끼리가 자신이 죽을 때를 미리 알고 무덤을 찾아가는 모습에서 만들어진 글자입니다. 코끼리는 상당히 신중한 동물이어서 행동하기 전에 반드시 먼저 생각을 해본다고 합니다. 이러한 코끼리의 특성 때문에 '예상하다'라는 말도 생겼습니다.

노자의 《도덕경》 제15장 '서청'에는 '예혜 약동섭천(豫兮 若冬涉川)'이라는 표현이 나옵니다. 직역하면, '머뭇거리네! 겨울에 살얼음 냇길을 건너는 것 같구나'가 됩니다. 여기서 '예'는 '거대한 코끼리'와 '머뭇거린다'라는 뜻입니다. 거대한 코끼리가 겨울 냇가 앞에서 신중하게 살얼음을 밟아가는 모습을 연상하면 됩니다. 아둔한 듯이 보이지만 명석하고 사려 깊은 코끼리의 모습이 그대로 담긴 구절입니다. 코끼리는 경거망동하지 않습니다. 코끼리는 몸집이 큰 동물이지만 먼저 건들지 않으면 다른 동물을 해치지 않습니다. 그래서 관대하고 여유롭습니다.

17

택뢰수(澤雷隨)
Following

태상(☱)

진하(☳)

❖ 키워드

#덕 #반성 #따름

"따름의 괘입니다.
남을 따르게 하기란 쉽지 않습니다.
덕을 베풀어 나를 따르게 하세요."

사람들이 서로 따르게 된다면 무슨 일인들 이루지 못하겠습니까? 남을 따르게 하는 것은 어렵고 힘든 일입니다. 남을 자기에게 따르게 하는 사람은 그 자신이 먼저 남에게 따를 줄 아는 사람입니다. 소탐대실로 사람을 잃지 않도록 주의하세요.

택뢰수는 태상진하, 즉 위는 연못(태괘 ☱), 아래는 우레(진괘 ☳)인 괘입니다. 택뢰수는 서로를 따르는 법에 대해 이야기합니다. 사람들이 서로 따르게 된다면 무슨 일인들 이루지 못하겠습니까? 역(易)은 '변하고 바뀌는 것'인데, 변역하되 함부로 하지 않고 원칙을 따라야 합니다. 택뢰수는 때를 따라야 한다는 뜻도 담겨 있습니다.

택뢰수는 연못 속에서 우레가 움직이니 우레의 소리를 따라서 연못의 물이 출렁거리면서 따라 움직이는 형상입니다. 기뻐하며 출렁이고, 움직이며 기뻐하는 것이 서로가 서로를 따르는 것입니다. 남을 따르게 하는 것은 어렵고 힘든 일입니다. 그러나 남을 따르는 일도 그다지 쉬운 일은 아닙니다. 따를 줄 모르는 사람은 따르게 할 줄도 모릅니다. 남을 자기에게 따르게 하는 사람은 그 자신이 먼저 남에게 따를 줄 아는 사람입니다. 먼저 남의 옳음에 따를 줄 알아야 남이 자기의 옳음에 따라오는 것입니다.

택뢰수의 핵심 단어는 '수(隨, 따를 수)'입니다. 힘으로 남을 복종시키는 이는, 상대가 마음으로 따르지 않습니다. 힘이 모자라서 그런 것입니다. 덕으로 남을 따르게 하는 이는, 상대가 마음에서 우러나온 기쁨에 그를 진심으로 따릅니다. 《맹자》에는 다음과 같은 유명한 말도 나옵니다. '남을 사랑했건만 가까워지지 않으면, 자기의 어진 마음씨가 모자라지는 않았는가 반성하라. 남을 다스렸건만 잘 다스려지지 않으면, 자기의 지혜가 모자라지는 않았는가 반성하라. 남에게 예의를 지켰는데도 그가 예로써 답하지 않으면, 자기가 공경스레 대하지 않았는가 반성하라. 행하고서도 기대했던 결과를 얻지 못하게 되면, 그 까닭을 모두 자기 자신에게서 찾으라. 자기의 몸가짐이 올바르면 천하의 사람들이 그에게 모여든다. 《시경》에서도 '길이 길이 천명을 받들어 스스로 많은 복을 구하라'라고 하였다.'

18

산풍고(山風蠱)
Work on What Has Been Spoiled

간상(☶)

손하(☴)

❖ **키워드**
#부패 #전화위복 #선갑삼일 #후갑삼일

> "부패의 괘입니다.
> 어딘가 썩어 들어가고 있습니다.
> 부패를 타파하여 전화위복을 노리세요."

그릇 위에 벌레 3마리가 좀먹는 상입니다. 지금의 고난을 전화위복의 계기로 생각해야 합니다. 이 세상에는 난관이 없을 수 없으니 위태롭고 힘든 상황에서도 자신을 수양하고 다스리면 오히려 으뜸으로 형통한 상황이 펼쳐집니다.

산풍고는 간상손하, 즉 위는 산(간괘 ☶), 아래는 바람(손괘 ☴)인 괘입니다.《주역》의 핵심 키워드는 변화입니다. 고정된 것은 아무것도 없습니다. 처음이 있으면 끝이 있고, 좋은 일이 다하면 나쁜 일이 옵니다. 산풍고괘는 부패함을 마주하면 어찌 바로잡을지를 알려줍니다.

산이 있고 아래에 바람이 있어 산에 바람이 부니 단풍이 들고 벌레가 좀을 먹어 썩어 들어갑니다. 시간이 흐를수록 썩어서 부패하여 망하는 것입니다. '고(蠱)'를 파자하면 그릇 위에 벌레 3마리가 좀먹는 상이 됩니다. 산풍고괘가 처한 상황은 흉합니다. 회사의 총무가 윗사람 몰래 회사 자금을 횡령하여 도박을 하다가 돈을 날리는 것도 이에 해당합니다. 겉모습은 멀쩡한데 속에 벌레가 생겨 몸이 상하는 것이 산풍고입니다.

《주역》의 내용은 사람을 절망하게 하지 않습니다. 세상의 모든 상태는 항상 변합니다. 하여 이 괘가 나오면 지금의 고난을 전화위복의 계기로 생각해야 합니다. 자업자득, 즉 문제의 원인이 자신에게 있다는 겸허한 마음으로 자신을 반성하고 문제점을 근본적으로 제거해야 합니다.

산풍고의 핵심 문장은 '선갑삼일 후갑삼일(先甲三日 後甲三日)'입니다. 명리학에서 갑(甲), 즉 갑목(甲木)은 발산과 새 출발을 의미합니다. 선갑(先甲)은 부패가 시작되기 전의 상황부터 반드시 살펴야 한다는 뜻입니다. 후갑(後甲)은 새 출발 후에도 긴장을 풀지 말고 계속 바로잡아야 한다는 뜻입니다. 하여 선갑삼일, 후갑삼일은 주의 깊게 신중히 앞뒤로 생각하고 대처하라는 말입니다. 흐름을 따져보고, 이 상황을 해결할 방법을 가정해본 후에 그로 인해 또 어떤 상황이 펼쳐질지를 다시 시뮬레이션 해보라는 뜻이기도 합니다.

19

지택림(地澤臨)
Approach

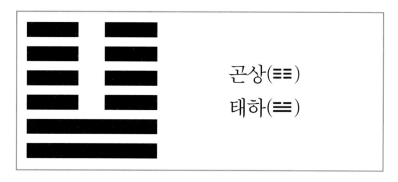

곤상(☷)

태하(☱)

❖ 키워드

#다스림 #순환 #지우팔월

"다스림의 괘입니다.
낮은 곳으로 임하세요.
아랫사람을 잘 돌봐야 나중에 이롭습니다."

성대함이 극에 이르면 흉이 닥친다는 이치를 알고 미리 대비하세요. 한쪽에 치우치지 않고 중도의 길을 걸어야 허물이 없습니다.

지택림은 곤상태하, 즉 위는 땅(곤괘 ☷), 아래는 연못(태괘 ☱)인 괘입니다. 윗사람이 아랫사람에게 임하여 잘 다스려 크게 이루어야 한다는 의미의 괘입니다. 연못 위에 땅이 있는 모습입니다. 못 위에 있는 땅이란 곧 강의 언덕인데, 물과 서로 맞닿은 경계이기 때문에 '임하는'이라는 뜻이 있습니다. 못이 땅속에 있음은 또한 못의 깊음을 의미합니다. 그러한 못을 물가 언덕 위에 서서 내려다보고 있는 상태가 지택림입니다. 하여 지택림은 윗사람이 아랫사람에게 임한다는 뜻으로 높은 곳에서 낮은 곳을 대하거나, 내려다본다는 의미를 담고 있습니다. 지택림에는 지혜로운 지도자답게 임하고, 돈독한 마음으로 후배를 키워주려 하는 모습이 담겨 있습니다.

지택림의 핵심 문장은 '지우팔월 유흉(至于八月 有凶)'입니다. 바야흐로 군자의 도가 자라나는 때에 성인이 경계를 둠으로써, 성대함이 극에 이르면 흉이 닥친다는 이치를 알도록 하여 미리 대비할 수 있게 하는 것이지요. 그리하여 성대함의 극에 이르지 않도록 함으로써 흉을 방비하려는 것입니다. 이는 군주괘*의 모양을 떠올리면 이해가 쉽습니다.

＊ **군주괘(벽괘)**

이 세상에 존재하는 많은 것들은 순환을 합니다. 우리 몸속에서 피가 순환하는 것을 비롯하여 계절의 순환, 1년 12달의 순환, 일주일의 순환, 바다의 밀물과 썰물 등 순환은 세상의 기본 원리입니다. 순환은 사물이 존재하는 최선의 수단인데, 순환하지 못하는 것은 금방 사라지게 됩니다. 우리 지구는 태양 주위를 돌며 1년 주기로 순환을 하는데, 만약 지구가 태양 주위를 돌지 않게 되면 지구는 우주 어딘가로 날아가버릴 것입니다. 지구는 태양 주위를 순환하기 때문에 존재하고, 그로 인해 계절의 순환과 12개월의 순환 체계가 이루어집니다. 생물도 생로병사의 주기가 있고, 사업도 흥했다가 쇠하는 주기가 있으며, 우리 인생도 운명의 주기가 있습니다. 세상은 혼자 사는 것이 아니라 여러 요소들이 얽혀 있습니다. 그렇기 때문에 순환하는 것만이 살아남을 수 있습니다. 그리고 세상을 이해하려면 그곳에 존재하는 순환을 살펴야 합니다. 《주역》은 세상에 존재하는 수많은 순환을 체계적으로 다룹니다. 다음의 괘열을 한번 보실까요?

왼쪽부터 오른쪽으로 순서대로, 지뢰복(䷗, 음력 11월, 동지, 음의 기운이 극에 이른 후 드디어 아래에 양이 하나 생성됨), 지택림(䷒), 지천태(䷊), 뇌천대장(䷡), 택천쾌(䷪), 중천건(䷀), 천풍구(䷫, 음력 5월, 하지, 양의 기운이 극에 이른 후 드디어 아래에 음이 하나 생성됨), 천산돈(䷠), 천지비(䷋), 풍지관(䷓), 산지박(䷖), 중지곤(䷁)입니다. 이 괘들의 나열을 '십이소식괘('사라질 소[消]', '꺼질 '소[消]'+'자랄 식[息]', '번성할 식[息]')'라고 부르는데, 옛사람들은 1년 12달을 여기에 맞춰서 이해했습니다.

1년 12달은 《주역》 십이소식괘의 순환과 일치합니다. 이 괘열에서 괘상은 양이 점점 증가하다가 중천건(䷀)에 이른 이후 음이 차차 증가합니다. 즉, 12개의 괘상은 일정한 틀에 따라 변화하고 순환함을 알 수 있습니다. 하여 옛사람은 이 괘열에 참가하는 괘상을 '십이소식괘' 또는 '벽괘(辟卦, 임금 벽), 군주괘(君主卦, 임금을 뜻하는 벽괘와 같은 뜻)'라고도 불렀습니다. 그럼 십이소식괘를 조금 더 세부적으로 살펴보겠습니다.

맨 처음 나타나는 지뢰복괘는 하나의 양이 맨 아래에서 자라나기 시작하는, 즉 양의 기운을 회복하기 시작하는 동짓달(음력 11월)의 괘입니다. 음력 12월을 나타내는 지택림은 십이소식괘의 두 번째 괘입니다. 지택림괘의 괘사에서는 앞서 살펴보았듯이 '지우팔월 유흉'라고 해서 8월이 되면 흉함이 있다고 했습니다. 여기서 8월은 실제의 8월(지택림☷☱을 거꾸로 돌려 세운 풍지관☴☷)을 의미하기도 하고 일정한 시간이 흐른 것을 뜻하기도 합니다. 8월은 양이 생겨나기 시작한 뒤의 8개월을 의미하는데, 지뢰복(☷☳)에서 하나의 양이 생겨나 천산돈(☰☶)에 이르기까지가 모두 8개월이니, 이는 음력 11월로부터 6월까지 이름을 뜻합니다. 지택림(☷☱)과 천산돈(☰☶)은 음과 양의 막대기가 서로 반대인 착괘(錯卦)입니다. 그래서 극적인 반대 형국의 대비가 있습니다. 8월에 이르면 흉함이 있으리라고 한 것은 양이 자라기 시작한 때로부터 계산하여 다시 음이 자라기 시작하는 때까지 8개월이 걸린다는 말입니다.

풍지관(風地觀)
Contemplation(View)

손상(☴)
곤하(☷)

❖ 키워드
#살핌 #백전불태 #관아생

"살핌의 괘입니다.
정성을 다해 살피세요.
사람들이 우러러볼 것입니다."

세상의 모든 소리를 보는 관세음의 괘입니다. 최고의 경지는 자기 자신을 돌이켜보고 잘 살피는 것입니다. 나를 알고 남을 알면 백 번 싸워도 위태롭지 않습니다.

풍지관은 손상곤하, 즉 위는 바람(손괘 ☴), 아래는 땅(곤괘 ☷) 인 괘입니다. 천하를 살핌에 있어서는 '제사를 올리기 전에 손을 씻을 때와 같은 마음'으로 해야 합니다. 제사 음식을 올리기 전 처음 손을 씻을 때야말로 공경하는 마음이 가장 지극한 순간입니다. 이러한 정성과 자세로 정치를 하면 백성들이 믿고 우러러본다는 것이지요.

관(觀)은 본다는 것입니다. 2개의 양이 윗자리에 있고 4개의 음이 그 아래에 있는 것은, 위에 있는 군자들을 아랫사람들이 모범으로 삼아 우러러본다는 의미입니다. 손괘(바람)가 위에 있고 곤괘(땅)가 아래에 있어 땅 위에 바람이 불고 있는 모습입니다. 땅 위에 바람이 불면 모든 것이 흔들려 움직입니다. 움직이면 소리가 나는데, 움직임을 본다는 것은 결국 그 소리를 알아차리는 것입니다. 군자는 세상의 모든 소리를 듣고, 그 움직이는 것을 보고 무엇을 구하는 소리인지를 알아차립니다. 아래에서 무엇을 구하는지 알아차렸으니 이제는 그것을 들어주는 일만 남았습니다. 그래서 백성들은 그 임금을 우러러봅니다. 세상의 모든 소리를 보는 관세음(觀世音)의 괘가 풍지관입니다.

풍지관의 핵심 단어는 '관아생(觀我生)'입니다. 자기 자신이 누구인지를 알아야 나로 인해 생겨난 일을 파악할 수 있고, 내가 저지른 것을 볼 줄 알아야 나아가고 물러날 바를 신중하게 잘 판단할 수 있습니다. 관아생은 자기가 한 정치를 스스로 돌아본다는 의미도 됩니다. 백성을 보면 인군(人君) 자신의 생김새를 알 수 있습니다. 즉, 백성이 제대로 못 살고 있으면 정치를 제대로 못한 것임을 알아야 합니다. 백성을 잘 살피는 것은 곧 자기 스스로를 잘 살피는 것이기도 합니다. 인군이 정치를 잘했는지 못했는지는, 백성이 군자의 도에 가까운지, 소인의 도에 가까운지를 살펴보아서, 군자에 가까우면 정치가 잘됐다고 평가하는 것이지요.

《손자병법》에서도 손무가 강조한 것은 '지피지기면 백전불태' 나를 알고 남을 알면 백 번 싸워도 위태롭지 않다는 것이었습니다. 사람들이 자주 쓰는 잘못된 표현이 바로 '지피지기면 백전백승' 또는 '지피지기면 백전불패'입니다. 이것은 틀린 말입니다. 손무는 승패에 집착하지 않았습니다. 정확한 표현은 '지피지기면 백전불태'입니다. '위태롭지 않다'는 것이지 승패에 대해 한 말이 아닙니다.

화뢰서합(火雷噬嗑)
Biting Through

리상(☲)

진하(☳)

❖ 키워드
#형벌 #범죄 #구교 멸지

"형벌의 괘입니다.
씹어 먹듯이 잘못을 바로잡으세요.
잘못은 응당한 대가를 치르게 해야 이롭습니다."

더 커지기 전에 초기에 잘못을 강하게 바로잡아야 합니다. 시류에 영합하지 말고 자기의 소신을 굳게 지키며 잘못을 바르게 선도하는 일을 신중히 하세요.

화뢰서합은 리상진하, 즉 위는 불(이괘 ☲), 아래는 우레(진괘 ☳)인 괘입니다. 불과 우레로 서합괘(噬嗑卦)를 이루니 번개와 천둥이 서로 합한 형상입니다. 이는 우레가 울고 번개가 번쩍이는 엄숙하고 두려운 광경을 상징합니다. 서합(噬嗑)은 '범죄자를 씹는다'라는 뜻입니다. 죄인이란 '씹을 수 없는 음식 같은 존재'입니다. 또한, 씹더라도 다른 것들과 섞이지 못하는 것이기도 합니다. 그런데 만약 섞일 수만 있다면 소화가 되어 내 몸의 피와 살이 됩니다. 이것이 형통의 의미입니다. 모든 사람이 서로 섞여 순환하는 사회가 되는 과정을 '씹는 것'으로 표현한 것입니다.

입속에 음식물이 들어 있으면 잘 씹어서 넘겨야 입을 다물 수 있습니다. 가운데 끼여 있는 양효(陽爻) 하나는 입속에 있는 씹어야 할 음식물을 뜻하며 인간사에서 곤란함, 장애물 등을 상징합니다. 음식물을 잘 씹어 삼키면 몸에 이로운 것과 마찬가지로 이 어려움을 잘 극복하면 성취하는 바가 큽니다. 만약 군신, 부자, 친척, 친구 간에 서로 등지고 원망하며 틈이 벌어지려 한다면 그사이에 간사한 악이 끼여 있기 때문입니다. 그러므로 이러한 악을 제거해야 화합이 이루어집니다. 서합은 형벌을 세워서 쓰는 것이 최선이라고 《주역》은 얘기합니다. 서합은 범죄 또는 범죄자를 다루는 일체의 사법 활동을 말합니다. 마치 입안의 음식을 씹어야 입이 편안해지듯이 죄를 다스려 사회를 안정시켜야 한다는 것입니다.

화뢰서합의 핵심 문장은 '구교 멸지 무구(屨校 滅趾 无咎)'입니다. 이는 '형틀을 신겨서 발을 멸함이니(족쇄를 채워 걸어 다니지 못하게 발을 묶어두니) 허물이 없다'라는 뜻입니다. 죄가 가벼울 때 발목에다 형틀을 채워서 더 이상의 허물을 짓지 못하도록 징계하라는 것입니다. 죄가 작을 때 작은 벌을 주어서 더 이상 큰 죄가 행해지지 않도록 하는 것이므로 종국에는 허물이 없게 됩니다. 형벌을 가하는 것은 초기에 잘못을 강하게 바로잡으려 하는 뜻입니다. 사소한 교통법규 위반이라도 벌점을 부과해서 면허를 정지시키는 것도 서합에 해당합니다. 이 역시 앞으로 생길 수도 있을 큰 사고를 예방하려는 목적입니다.

22

산화비(山火賁)
Grace

간상(☶)

리하(☲)

❖ 키워드
#꾸밈 #무늬 #인문

> "꾸밈의 괘입니다.
> 겉과 속이 달라서는 안 되며
> 꾸밈은 소박하게 해야 이롭습니다."

천문(天文)이 하늘의 무늬를 의미한다면, 인문(人文)은 사람의 무늬입니다. 내면에서 올라오는 아름다움이 자연스럽게 밖으로 드러날 때 가장 아름답습니다. 화려하면서도 소박한 면이 있고 소박하면서도 화려함을 잃지 말아야 합니다.

산화비는 간상리하, 즉 위는 산(간괘 ☶), 아래는 불(이괘 ☲)인 괘입니다. 아름다운 장식은 사람의 마음을 기쁘게 하고, 그것은 예(禮)가 되어 사회질서를 이룹니다. 산 밑에 태양이 있으니 산천초목이 저녁노을에 아름답게 물들어 있는 모습입니다. 산화비괘는 '꾸미다'라는 뜻을 가지고 있습니다. 실질 위에 꾸밈을 더해야 이롭습니다.

산화비괘는 음양의 꾸밈이 그 내용입니다. 꾸밈에서 가장 중요한 포인트는 문채(文彩, 아름다운 광채)와 본바탕이 서로 맞아야 한다는 것입니다.《동의보감》에도 '형(形)과 기(氣)가 서로 맞으면 장수하고 서로 맞지 않으면 요절한다'라고 나와 있습니다. 몸에서도 형체와 기운이 서로 맞아야 한다는 것이지요. 때문에 기가 실하면 형도 실하고, 기가 허하면 형도 허한 것이 정상입니다. 마찬가지로 문(文)과 질(質)은 항상 서로 부합해야 합니다.

산화비의 핵심 단어는 '인문(人文)'입니다. '인문학'의 인문입니다. '인문'이라는 표현은《주역》의 산화비괘의 〈단전〉에서 처음 등장합니다. '천문으로 시절의 변화를 관찰하고, 인문으로 사람을 바꿔 천하를 이룬다'라는 구절이 그것입니다. 천문이 하늘이 만든 무늬를 의미한다면, 인문은 사람의 생각이나 고통, 희망, 좌절을 표현한 무늬, 곧 음악, 무용, 시, 소설, 역사, 종교 등을 의미합니다. 인문에는 세상의 이치와 수많은 삶의 길이 녹아 있으며, 이것을 제대로 파악하고 이해하면 사람들을 잘 교육해 좀 더 살 만한 세상을 만들 수 있다는 사고가 이 구절에 담겨 있습니다.

인간의 문화는 본질의 '질'과 외관(꾸밈, 무늬)의 '문'이 균형을 이루어야 참된 문화, 건전한 문화일 수 있습니다. 그러하기에 공자도《논어》에서 '문과 질이 혼연일체 조화를 얻어야 비로소 군자라 할 수 있다'라고 했습니다. 산화비의 핵심은 '화려하다. 그러나 또 소박하다'입니다. 화려하면서도 소박한 일면이 있고 소박하면서도 화려함을 잃지 않는 문화야말로 문화의 극치가 아닐 수 없습니다.

23

산지박(山地剝)
Splitting Apart

간상(☶)

곤하(☷)

❖ 키워드
#절박함 #궁즉변 #석과불식

"절박함의 괘입니다.
동트기 전 새벽이 가장 어두움을 기억하시고
희망의 싹을 틔우세요."

산이 깎여 무너져 내리는 상입니다. 이럴 때 현명한 사람은 물러나 은둔합니다. 언행을 공손히 하고 몸을 사려 때에 맞게 진퇴할 줄 알아야 해악을 면할 수 있습니다. 단, 남아 있는 마지막 과일은 땅에 심어 미래의 싹을 도모하세요.

산지박은 간상곤하, 즉 위는 산(간괘 ☶), 아래는 땅(곤괘 ☷)인 괘입니다. 산지박은 64괘 가운데에서 가장 어려운 상황을 나타내는 괘입니다. 위에는 산, 아래는 땅, 즉 산이 땅에 붙어 있는 상입니다. 산이 땅에 붙어 있다는 것은 산이 무너져 내렸음을 뜻합니다. 음이 극성하고 양 하나가 위태롭게 남아 있는 극단적인 음양 부조화의 괘이며, 꼭대기의 양 막대기 하나가 군자(君子)이고 종자를 남겨놓은 형상입니다. 이는 여러 음이 장성하여 양을 몰아내는 때를 가리키는데, 소인배들이 극성을 부리며 악이 득세하는 절박한 상황이니 군자가 물러나 은둔하는 형태입니다. 그러므로 이럴 때는 군자가 나아감이 이롭지 못합니다. 오직 언행을 공손히 하고 자신의 종적을 감추어서 때에 맞게 진퇴할 줄 알아야 해악을 면할 수 있습니다.

산지박의 '박(剝)'은 '벗길 박, 깎을 박'입니다. 부서지고 해지고 깎인다는 뜻입니다. 여름에 무성하던 나무가 가을에 음 기운으로 낙엽이 지고 과실이 떨어지기 때문에 음력 9월을 '박월(剝月)'이라고도 합니다. 그러므로 박월은 미래를 준비하는 시기입니다. 최악의 상태에 빠져 있을 때 이 괘가 나오면 오히려 운의 호전을 준비해야 합니다. 모든 것이 붕괴된 다음에는 새로운 창조가 시작되기 때문입니다.《주역》의 이치에 절망은 없습니다. 엄동설한이 되어서야 소나무와 전나무의 잎이 늦게 떨어지는 것을 압니다. 보름달은 기울어지고 초생달은 커갑니다. 겨울이 오면 봄도 멀지 않습니다. 궁즉변 변즉통(窮卽變 變卽通), 즉 '궁하면 변하고, 변하면 통한다'는 것이《주역》의 근본 철학입니다. 이러한 영허성쇠(盈虛盛衰)의 이치는 천지자연의 법칙입니다. 오직 우리가 명심해야 할 점은 다만 막연하게 멍하니 기다리기만 하는 것이 아니고, 내일을 맞이하기 위한 마음의 준비와 노력을 해야 한다는 것뿐입니다.

산지박의 핵심 단어는 '석과불식(碩果不食)'입니다. 직역하면 큰 열매는 먹지 않는다는 뜻이고, 의역하면 종자용 씨과실은 다 먹지 않고 씨앗용으로 남겨둔다는 뜻입니다. 미래를 위해 준비하는 지혜입니다. 맨 위 막대기인 양은 마지막으로 유일하게 남아 있어 희망으로 사회악을 구제합니다. 산지박괘는 씨가 될 큰 과일을 먹지 말라고 합니다. 석과의 씨앗은 반드시 결실을 맺기 때문입니다. 열매가 모두 떨어지고 남아 있는 마지막 과일을 먹지 않고 땅에 심어 미래의 싹을 도모하는 것이《주역》의 순환입니다. 이 절체절명의 순간에도 미래를 생각합니다. 군자는 씨앗을 따 먹지 않고 보존하지만, 소인은 이것마저 따 먹어버려서 후일을 기약하지 못하는 것을 비유적으로 표현했습니다. 종즉유시(終卽有始). 끝은 새로운 시작입니다.《주역》의 법칙에는 항상 음과 양이 공존합니다. 모든 끝은 곧 시작이지요. 가득 찬 음의 끝에 절박하게 자리한 하나 남은 양은 이 다음에 이어질 지뢰복괘의 밑에서부터 솟아나는 시작점의 양으로 태어납니다. 그래서 석과불식, 씨과실은 먹지 않고 종자로 삼습니다.

24

지뢰복(地雷復)
Return(The Turning Point)

곤상(☷)

진하(☳)

❖ 키워드
#희망 #상황 변화 #회복

> "회복의 괘입니다.
> 전화위복의 때입니다.
> 우주의 운행 법칙은 돌고 돕니다."

새싹이 움트기 전 땅 아래에서 꿈틀거리는 봄 씨앗의 형상입니다. 미약하지만 양의 기세가 점차 나아가 형통해지므로 허물이 없습니다. 우주의 모든 것은 돌고 돌기 때문에 시간이 흐르면 상황과 입장이 변합니다. 전화위복의 희망을 담은 괘입니다.

지뢰복은 곤상진하, 즉 위는 땅(곤괘 ☷), 아래는 우레(진괘 ☳)인 괘입니다. 땅 밑에 우레가 묻혀 있는 형상입니다. 동짓날이 있는 음력 11월에 양 하나가 비로소 살아나는 모습입니다. 지뢰복은 새싹이 움트기 전 추운 겨울의 땅 아래에서 꿈틀거리는, 미리 찾아온 봄의 씨앗입니다.

천지자연의 운행 법칙은 돌고 도는 것이어서 가고 안 돌아오는 것은 없습니다. 음이 극에 달하면 반드시 양이 생합니다. 봄, 여름, 가을, 겨울은 매번 다르지만 계절이 순환하는 법칙 자체는 변하지 않으므로 그 도를 반복한다고 했습니다. 양이 나아가면 음이 물러나고 군자의 도가 성장하면 소인의 도가 소멸하는 것이므로 군자의 도를 회복하며 나아가면 이롭습니다.

지뢰복의 핵심 단어는 '복(復)'입니다. 복(復)은 '돌아오다, 회복하다'라는 뜻입니다. '복귀', '회복', '반복', '복원', '복구', '광복절'의 복(復)이기도 합니다. 사람이 타고난 본성을 다시 회복하는 것도 복(復)입니다. 지뢰복은 1년 24절기 가운데 동지를 상징하는 괘입니다. 음이 가장 많은 날이지만, 땅속에서는 벌써 양이 서서히 생겨나기 시작합니다. 우주의 모든 것은 돌고 돌기 때문에 시간이 흐르면 상황과 입장이 변할 수밖에 없습니다. 이것이 《주역》의 핵심 논리입니다. 문제는 준비를 하면서 이를 기다리는 일입니다. 모르면 기다리지 못합니다.

천뢰무망(天雷无妄)
Innocence(The Unexpected)

건상(☰)

진하(☳)

❖ 키워드
#돌발 상황 #경거망동 #불경확 불치여

"태연자약의 괘입니다. 뜻밖의 일이 벌어지더라도 경거망동해서는 안 됩니다."

발을 동동 구르며 안절부절못하시나요? 사심과 속임수를 버리고, 마음을 편하게 내버려두세요. 경거망동하지 않으면 나아가는 것이 길합니다. 욕심을 버려야 이루어집니다. 다만, 올바른 도를 추구하며 실천에 옮길 따름이지, 얻어질 결과물에는 마음을 두지 않아야 합니다.

천뢰무망은 건상진하, 즉 위는 하늘(건괘 ☰), 아래는 우레(진괘 ☳)인 괘입니다. 사람은 원래 순수하고 거짓됨이 없는 어질고 착한 본성을 타고났는데 살면서 물욕에 눈이 멀고 사악함에 빠져 자기가 본래 갖고 있던 본성을 스스로 다 깎아먹어버립니다. 천뢰무망은 '경거망동하지 마라', '함부로 움직이지 마라'의 뜻입니다. 보통 사람들은 무망(无妄)보다는 망(妄)에 더 집착하여 상황이 좋지 않으면 좋게 만들고 싶어서 안달이 나고, 상황이 좋으면 더 좋게 하려고 조급해합니다. 대자연이 움직이는 것처럼 사심 없이 속임수를 버리고 되는 대로 내버려두는 것이 무망이요, 뜻하지 않았던 일이 생겨도 동요하지 않고 조용히 그것을 받아들이는 것이 무망입니다. 예를 들면, 날마다 욕심을 버리는 것이 아니라 아예 욕심이 무엇인지도 몰라야 하고, 자연을 사랑하고 가까이하는 것이 아니라 아예 자연의 일부가 되는 것이 무망입니다.

무망은 하늘 아래 우레가 울리는 형상으로 지극히 강건하게 나아가는 덕이 있고, 뇌성벽력(雷聲霹靂)이 일어날 때 누구나 하늘을 두려워하는 마음으로 스스로를 반성하듯이 천명에 따라 정도(正道)로 바르게 행해 나가야 함을 말합니다. 정도를 지키지 못하면 허물이 되어 그 해악이 다시 돌아오게 됩니다. 이미 무망심이 있다면 동하는 것은 마땅하지 않으므로, 이를 어기고 나아간다면 망동(妄動)이 됩니다.

천뢰무망의 핵심 문장은 '불경확 불치여(不耕穫 不菑畬)'입니다. 경작을 하지 않고서도 수확하며, 밭을 일구지 않고서도 3년을 묵힌 좋은 밭이 된다는 뜻입니다. 씨 뿌릴 때 수확을 생각하지 말고, 불모의 땅을 개간하면서 결과는 아예 꿈꾸지도 말아야 합니다. 봄에 씨앗을 뿌릴 때는 어떻게 하면 씨앗을 잘 뿌릴지만 생각해야 합니다.

그러나 많은 사람이 가을에 얼마나 열매를 맺을지, 그 열매를 팔면 얼마나 돈을 벌지, 그 돈으로 무얼 살지 등을 먼저 꿈꿉니다. 욕심이요, 망상입니다. 땅을 개간할 때도 마찬가지입니다. 오로지 어떻게 하면 좋은 땅을 만들 수 있을지에만 집중해야 합니다. 지금 하는 일에만 정성을 다해야 합니다.

이루려고 하는 욕심이 없어도 될 일은 저절로 다 됩니다. 다만, 도를 추구하며 실천에 옮길 따름이지, 얻어질 결과물에는 마음을 두지 않습니다. 우리의 삶은 의외의 일로 가득 차 있으며, 무수히 돌발적이고 우연적이라 예측하기 어렵습니다. 기대가 클수록 실망도 큽니다. 속담에 '마음 써서 심은 꽃은 피지도 않고, 무심히 심은 버드나무는 그늘을 드리운다'라는 말이 있는데 천뢰무망괘는 바로 이런 심리 법칙을 말합니다. 기대하는 바가 없고 희망도 품지 않으면 마음이 가장 건강합니다.

26

산천대축(山天大畜)
The Taming Power of the Great

간상(☶)
건하(☰)

❖ 키워드
#큰 축적 #베풂 #분시지아

"큰 축적의 괘입니다.
크게 쌓아서 나 혼자 쓰지 말고
널리 베풀어야 길합니다."

대축(大畜)은 크게 쌓는 것입니다. 차곡차곡 덕을 쌓아 도가 통한 군자가 되어 천리를 깨닫고 자유롭게 활보한다면 크게 형통합니다.

산천대축은 간상건하, 즉 위는 산(간괘 ☶), 아래는 하늘(건괘 ☰)인 괘입니다. 아래의 3개의 양이 위의 2개의 음에 의해 나아가지 못하고 있습니다. 그리고 2개의 음도 맨 위 양 막대기에 의해 막혀 있는 형국입니다. 나아가지 못하고 정지해 있는 것이지요. 크게 발산되어야 할 양의 기운이 가로막혀 축적되니 그것이 바로 대축의 의미가 됩니다.

크게 쌓는다는 것은 무엇입니까? 돈이나 명예의 문제가 아닙니다. 즉, 개인적 명예와 지위를 위해 쌓는 것은 대축이 아닙니다. 내가 쌓은 것을 내 소유에 그치게 하지 말고 천하를 위해 쓰라는 것입니다. 결국 대축의 방점은 쌓는 것이 아니라 천하를 위해 펼치는 마음에 있습니다. 대축의 큰 희망을 품는 자는 인덕, 지식, 인재, 자금을 충분히 저축해야 비로소 대사를 치를 수 있습니다.

덕과 학문을 크게 쌓아서 널리 베풀어야 천하의 어려움을 구제할 수 있으니, 이는 자신뿐만 아니라 온 천하에 이롭습니다. 산천대축은 굳건한 기운을 품고 있는 큰 산의 형상입니다. 큰 산은 하루아침에 이루어진 것이 아닙니다. 해와 달이 하루도 쉬지 않고 운행하듯이 덕을 새롭게 해야 합니다. 이런 마음이 쌓이면 저절로 어질게 되고 세상을 위해 일할 수 있게 됩니다.

산천대축의 핵심 문장은 '분시지아 길(豶豕之牙 吉)'입니다. 돼지를 거세하여 어금니의 힘을 조절하니 길하다는 뜻입니다. 멧돼지는 강하고 조급한 성질이 있으며 어금니는 날카롭습니다. 어금니의 힘을 조절하기 위해서는 존재 자체를 순하게 해야 합니다. 그것을 돼지를 거세한 것에 비유했습니다.

세상의 악을 그치게 하고 널리 베푸는 데에도 마찬가지로 힘으로만 밀어붙일 것이 아니라 기미를 살피고 요령을 얻어서 근본적인 처방을 해야 합니다. 무릇 수많은 백성들이 발동하는 사욕을 임금이 힘으로만 제지하려 들면, 제아무리 법이 치밀하고 형벌이 엄하다 해도 뜻을 이루지 못합니다.

27

산뢰이(山雷頤)

The Corners of the Mouth(Providing Nourishment)

간상(☶)

진하(☳)

❖ 키워드
#입 #조심 #호시탐탐

"입의 괘입니다.
말을 삼가고 마음의 덕을 쌓으며
음식을 절제하세요."

병은 입으로 들어오고, 화는 입에서 나옵니다. 입은 생명력이 들고나는 입구이며 출구입니다. 과유불급(過猶不及), 과함은 모자람과 같습니다. 욕심이 진동할 때 멈추는 지혜, 모자란 듯할 때 숟가락을 놓는 지혜가 참으로 나를 기릅니다. 욕심이 아닌, 베풀기 위해 호시탐탐하세요.

산뢰이는 간상진하, 즉 위는 산(간괘 ☶), 아래는 우레(진괘 ☳)인 괘입니다. 산뢰이의 모양은 입을 상징합니다. 위턱과 아래턱, 치아의 형상입니다. 위턱은 간괘(산)로 그쳐 있고, 아래턱은 진괘(우레)로 움직입니다. 그 가운데 있는 치아가 음식물을 씹어 삼켜 몸을 기르는 것입니다. 이렇게 괘상이 입의 모양을 본떴으니 '기른다'라는 뜻입니다. 사람은 입을 통해 음식을 섭취하여 몸을 기르고, 수양을 쌓아 정신을 기릅니다. 음식을 먹는다는 것은 생명력을 기르는 가장 원초적인 행위입니다. 생명력은 입을 통해 들어왔다가 말을 통해 밖으로 나갑니다.

산뢰이는 산 밑에 우레가 있는 형상입니다. 산에 있는 열매들은 떨림(우레)이 있어야 땅으로 떨어져서 사람들이 먹을 수 있게 됩니다. 각자의 실상을 잘 파악해서, 예를 들면 많이 먹지 못하는 사람은 조금 주고, 이가 튼튼한 사람에게는 딱딱한 과일을, 이가 약하거나 없는 사람은 부드러운 열매를 주는 등 각자의 실상에 맞춰서 길러야 합니다. 기른다는 것에는 몸을 기르는 것 외에도 가르침을 베풀어 어진 사람을 길러내는 것도 포함됩니다. 그래서 군자는 말을 신중하게 하고, 함부로 아무 음식이나 먹지 않는 절제의 힘을 기릅니다. 먹는 것에도 때가 있습니다. 배고플 때 먹고, 배부를 땐 먹지 말아야 하며, 때에 맞는 음식을 먹어야 합니다. 공부하여 자신을 기르는 것도 때에 맞게 해야 합니다. 그러려면 자신의 넘치고 부족한 점을 알아야 합니다.

산뢰이의 핵심 문장은 '호시탐탐 기욕축축 무구(虎視耽耽 其欲逐逐 无咎)'입니다. 호랑이가 눈을 부릅뜨고 노려보는 듯하여 그 의욕이 끊이지 않는 듯하면 허물이 없다는 뜻입니다. 우리가 보통 '무언가 빼앗기 위해 노려본다'라는 의미로 많이 사용하는 용어인 호시탐탐(虎視耽耽)은 《주역》의 산뢰이에서 나온 말인데, 원래 의미는 현실에서 실제로 쓰이는 것과 그 뉘앙스가 다릅니다. 호시탐탐은 사회정의와 관련이 있습니다. 빼앗기 위해 노려봄이 아니라 정의를 추구하는 노려봄입니다. 그리하여 사회에 쓰임이 되기 위한 바람이 끊어지지 않게 계속 성취해나가 결핍이 없게 하면 정의가 실천된다는 의미입니다.

28

택풍대과(澤風大過)
Preponderance of the Great

태상(☱)
손하(☴)

❖ 키워드
#위기는 곧 기회 #과유불급 #동요

"큰 지나침의 괘입니다.
기둥이 휘어질 정도로 위험한 때이지만
이를 잘 넘기면 위기가 곧 기회입니다."

크게 지나친 대과(大過)는 기둥이 휘는 지경이 되고 맙니다. 지나침을 알고 겸손하고 삼가면, 처지가 위태하더라도 허물이 없습니다. 도와주는 사람이 없는데 과격하게 돌진한다면 붕괴를 자초할 뿐입니다.

택풍대과는 태상손하, 즉 위는 연못(태괘 ☱), 아래는 바람(손괘 ☴)인 괘입니다. 연못(태괘)이 나무(손괘)를 삼켜버리는 것이 대과의 괘상입니다. 손괘를 나무로 보면(손[☴]은 오행으로는 목[木]을 뜻함) 나무 위로 물(연못)이 차올라서 나무가 물속에서 썩는 모습입니다.

대과는 '큰 허물이 있다는 뜻'과 '크게 지나침'이라는 2가지 뜻이 있습니다. 괘상을 살펴보면 기둥이 흔들리고 근본과 끝이 허약한 모습입니다. 현재 우리는 물질적으로는 살기 좋아졌지만 불안 속에서 늘 위기의식을 갖고 살아갑니다. 식생활에 여유가 있어 이것저것 몸에 좋다고 마구 먹다 보면 몸이 살찌고 비대해지는 반면, 정신은 오히려 허약해집니다.

택풍대과의 핵심 단어는 '동요(棟橈)'입니다. 크게 지나친 대과는 기둥이 휘는 지경이 되고 맙니다. 대들보가 휘어지는 것이지요. 과유불급, 지나치면 모자란 것이나 마찬가지입니다. 대과의 시대에는 겸손과 절약이 필요합니다. 몸에 좋다는 것을 하나 더 먹는 것보다는 몸에 좋지 않은 것을 하나 더 줄이는 것이 중요합니다. 스티브 잡스는 자신이 설립한 애플 사에서 쫓겨났다가 애플이 망해갈 즈음 다시 복귀했습니다. 그가 애플에 복귀한 뒤 맨 처음 시도한 것은 새로운 제품을 추가하는 것이 아니라 불필요한 제품을 제거하는 일이었습니다. 이렇듯 불필요한 제품을 솎아내고 선택과 집중에 몰입한 의사결정이 다 죽어가던 애플을 살려냈습니다. 다른 회사들이 잡다한 기능을 덕지덕지 붙여 상품을 출시할 때 스티브 잡스는 불필요한 기능을 하나하나 제거해갔습니다. 그렇게 탄생한 제품이 아이팟, 아이폰, 아이패드였고, 망하기 직전의 애플은 어느덧 혁신의 아이콘이 됐습니다.

위대한 제품은 하나같이 불필요한 것을 제거한 결과물입니다.

미켈란젤로가 다비드 상을 완성하던 날, 수많은 사람들이 다비드 상을 보기 위해 피렌체로 몰려들었습니다. 커튼이 걷히고 5미터 높이의 다비드 상이 그 모습을 드러내자 사람들은 일제히 탄성을 질렀습니다. 누군가가 그에게 어떤 방법을 써서 조각했기에 남들이 모두 포기한 그 대리석으로 그토록 훌륭한 조각을 할 수 있었냐고 물었습니다. 그러자 미켈란젤로는 이렇게 고백했습니다. '나는 돌 속에 갇혀 있던 다비드만 보고 불필요한 부분을 제거했을 뿐입니다.'

미켈란젤로의 위대한 조각상 역시 불필요한 부분을 제거한 결과물이었던 것입니다. 몸에 좋은 보약을 지어 먹는 것보다 중요한 것은 몸에 해로운 음식을 삼가는 것입니다. 근육을 키우는 것보다 시급한 것은 불필요한 살을 덜어내는 것입니다. 누군가를 사랑한다면 그 사람이 원하는 것을 들어주기에 앞서 그 사람이 싫어하는 것을 하지 말아야 합니다. 행복을 원한다면 욕망을 채우려 하기보다 욕심을 제거하는 쪽이 훨씬 현명한 선택입니다. 삶이 허전한 것은 무언가 채워지지 않았기 때문이 아니라 여전히 비우지 않고 있기 때문입니다.

29

중수감(重水坎)
The Abysmal(Water)

감상(☵)

감하(☵)

❖ 키워드
#설상가상 #궁즉통 #구덩이

"구덩이의 괘입니다.
거듭 구덩이에 빠지는 설상가상의 형국입니다.
확고한 신념과 희망을 가지고 성실함을 유지하세요."

아무리 험난한 상황이라도 뚫고 나갈 길은 있습니다. 어려운 때에 교만과
독선을 버리고 겸손하면서 이웃과 손을 잡아야 허물이 없습니다. 극복한 뒤
에는 사람들로부터 추앙을 받게 됩니다.

중수감은 감상감하, 즉 위도 물(감괘 ☵), 아래도 물(감괘 ☵)인 괘입니다. 위아래 모두 감괘입니다. 《주역》의 64괘 중에서 불길함의 정도가 심한 괘 4개를 4대 난괘라 부릅니다. '택수곤(䷮), 수뢰둔(䷂), 중수감(䷜), 수산건(䷦)'이 그것입니다. 이 괘들은 모두 감괘와 관계가 있습니다. 하늘이 무너져도 솟아날 구멍이 있다는 말처럼 어려움 속에서 성실의 미덕이 빛을 발해야 합니다. 사람이 비록 험한 일을 당했다 하더라도 믿음을 실하게 두고 마음속으로 흔들리지 않으면 어려움은 타개된다는 말입니다. 그래서 험난을 극복한 뒤에는 사람들이 자기를 받들어 높이 추앙하게 됩니다.

중수감의 핵심 단어는 '감(坎)'입니다. 감(坎)은 구덩이를 뜻합니다. 구덩이에 빠지지 않기 위해서는 모든 사람들을 공평무사하게 대해야 합니다. 인생에서 만나는 구덩이는 반드시 다른 누군가와 연관되어 있습니다. 누군가와 거래를 하고 다투는 과정에서 대부분의 갈등이 생기고, 욕심 때문에 결국 그 함정에 걸려듭니다. 그러므로 타인들을 대함에 있어서 공평무사하다면 대부분의 문제를 피할 수 있습니다. 또한 사람들에게 미리 인심을 얻어둔다면 나중에 틀림없이 도움을 받을 수 있습니다.

그렇다면 이미 구덩이에 빠진 사람은 어떻게 처신해야 할까요? 일단 구덩이에 빠지면 어떻게든 헤어나려고 발버둥을 치기 마련입니다. 온갖 수단과 방법을 동원하고, 모든 잔꾀와 인맥을 끌어들입니다. 하지만 발버둥을 치면 칠수록 더 깊이 빠져드는 늪처럼, 얄팍하고 일시적인 술수로는 결코 구덩이에서 헤어날 수 없습니다. 그렇게 하다가는 다시 더 깊은 구덩이로 빠져들고, 뜻하지 않은 죄까지 추가하게 됩니다. 그러므로 해결책은 다시 기본으로 돌아가는 것입니다. 스스로를 돌아보고, 반드시 헤어날 수 있다는 믿음을 더욱 공고히 해야 합니다. 그런 다음에는 자기희생을 무릅쓰더라도 남을 위한 일에 발 벗고 나서야 합니다. 그렇게 하나하나 공덕을 쌓아나가야만 탈출할 길이 열립니다.

30

중화리(重火離)
The Clinging(Fire)

리상(☲)

리하(☲)

❖ 키워드
#화염 #경솔 #황리

> "화염의 괘입니다.
> 화력이 너무 강합니다.
> 유순해야 길하고 형통합니다."

불이 겹쳤으니 화력이 강해 경솔한 행동을 할 우려가 있습니다. 함부로 나서지 말고 치우치지 않은 중용의 정신을 가져야 길하고, 아량을 베풀어야 허물이 없습니다.

중화리는 리상리하, 즉 위도 불(이괘 ☰), 아래도 불(이괘 ☰)인 괘입니다. 밝고 찬란한 불이 연이어 붙어 있는 모습, 즉 해가 하늘에 붙어 있는 형상이 바로 중화리입니다.

리(離)는 '붙어 있다, 결합하다, 걸리다'라는 뜻을 가지고 있습니다. 불은 홀로 존재하지 못하고 재료에 붙어서 존재합니다. 생사의 기로에서 겨우 무언가를 붙잡아서 (혹은 무언가에 걸려서) 의지할 수 있게 됩니다. 이처럼 《주역》에서는 길흉화복이 고정되어 있지 않습니다. 우리는 일상을 살아가는 과정에서 타자나 다른 사물에 의지하게 되는데, 이때 아무렇게나 의지해서는 안 됩니다. 무엇이든 모두 바른 것을 선택하여 붙잡고 있어야 합니다.

중화리의 핵심 문장은 '황리 원길(黃離 元吉)'입니다. 황색은 중용의 색입니다. 노란색은 오행 가운데 모든 만물을 품어 안는 대지를 상징하는 '토(土)'이며, 방위로는 중앙이어서 《주역》에서 가장 중요시하는 중용의 덕을 의미합니다. 중도를 밟아 광채를 발해야 크게 성공합니다. 동양에서는 중앙에 배속된 색을 황색이라고 봅니다. 중앙은 어디에도 치우치지 않은 중정한 자리입니다.

31

택산함(澤山咸)
Influence(Wooing)

태상(☱)
간하(☶)

❖ 키워드
#연애 #사랑 #감응

"연애의 괘입니다.
연애의 기본은 감응입니다.
짝을 찾기에 길한 때입니다."

전기의 플러스극(+)과 마이너스극(−) 사이, 자석의 남극(S)과 북극(N) 사이에
인력이 작용하듯, 젊은 남녀 사이에 사랑이 작용하는 것은 자연의 섭리입니
다.

택산함은 태상간하, 즉 위는 연못(태괘 ☱), 아래는 산(간괘 ☶)인 괘입니다.《주역》은 총 64괘를 상경(上經, 1~30괘)과 하경(下經, 31~64괘)으로 나눕니다. 상경은 '하늘의 도'이기 때문에 중천건을 맨 먼저 놓았습니다. 반면, 하경은 '사람이 살아가는 도리'이므로 남녀가 만나 교감하는 함괘(咸卦)를 맨 먼저 놓았습니다. 하여 남녀가 만나는 것으로부터 인류가 시작됨을 알 수 있습니다.

함(咸)은 젊은 남자(☶)와 젊은 여자(☱)의 교감으로, 남녀 간에 감응의 정이 깊기로는 소남 소녀보다 더한 것이 없으므로 두 체가 합하여 함괘가 됐습니다. 함괘는 산 위에 연못이 있어 연못이 물로 산을 고루 적셔주어 못과 산 사이에 감응이 통하게 됩니다. 음과 양, 남과 여가 결합하여 짝을 이루면 그다음에는 결실을 맺을 수 있습니다.

택산함의 핵심 단어는 '함(咸)'입니다. 함(咸)은 음과 양이 서로 느낌이 통하고 마음이 통하여 감응한다는 뜻입니다. 안으로는 산이 두터이 그치듯 사사로운 마음 없이 처하고, 밖으로는 기뻐하는 괘상이므로 스스로의 본분을 굳게 지키는 가운데 밖으로 기뻐하는 것이 함의 도입니다. '느낄 감(感)' 자에서 '마음 심(心)' 자를 빼면 함(咸)이 됩니다. 그러므로 함은 무심의 경지를 나타내는 형이상학적인 말이 됩니다. 남녀의 교감은 인류의 시초이며 만물의 근원입니다. 함괘는 남녀 관계로 보면 처음으로 생명을 잉태하기 위하여 교감하는 형상입니다. 간괘인 산은 볼록 형태이고, 태괘는 연못으로 오목 형태이니 상호 감응을 나타냅니다.

32

뇌풍항(雷風恒)
Duration

≡≡ ≡ ≡≡

진상(☳)

손하(☴)

❖ 키워드
#지속 #유지 #변치 않음

"지속의 괘입니다.
변화의 원리 속에서도 지켜야 할 것은 있습니다.
변하지 않아야 할 것은 오래 지속해야 길합니다."

항심, 즉 변하지 않고 오래가는 마음이 필요합니다. 남녀 관계도, 인간의 삶도 항상함을 지키기란 어려운 일입니다.

뇌풍항은 진상손하, 즉 위는 우레(진괘 ☳), 아래는 바람(손괘 ☴)인 괘입니다. 우레와 바람은 서로 크게 움직이며 함께 움직입니다. 우레와 바람이 함께 휘돌면서 천지 살림이 이루어지고, 인간 사회에서는 장남(☳)과 장녀(☴)가 성숙한 만남으로 부부가 되어 가정을 꾸려 살림하며 살아갑니다. 손괘는 공손한 성질을 가지고 있고, 진괘는 밖에서 힘차게 활동하니, 부부가 협력하고 화합해서 가정을 이루는 데 손색이 없습니다. 이 괘는 음과 양의 효들이 모두 상응하여 결속력이 좋아 지속의 의미를 가졌습니다.

남녀가 만나 부부가 되는 것은 천지의 조화를 따르는 일이니 형통하고 허물이 없는 것이 당연합니다. 그렇다고 되는 대로 행동해서는 안 됩니다. 부부가 지켜야 할 도리를 어기고 제멋대로 행동하면 가정이 편안하지 못합니다. 부부간에는 우레와 바람처럼 변하지 않는 관계를 맺어야 합니다.

뇌풍항의 핵심 단어는 '항(恒)'입니다. 항(恒)은 '변하지 않음'을 의미합니다. 하지만 부부 관계도, 더 나아가 인간의 삶도 변치 않기란 매우 어려운 일입니다. 인간사에는 남녀 관계 외에도 많은 만남이 있습니다. 즐겁고 좋은 만남이어야만 연못과 산이 만나는 듯이 느낌이 좋아서, 오래 이어가고 싶고, 계속하고 싶어집니다. 하여 항(恒)은 '변하지 않고 오래간다'라는 뜻이기도 합니다.

33

천산돈(天山遯)
Retreat

건상(☰)

간하(☶)

❖ 키워드
#물러남 #호돈 #가돈

> "물러남의 괘입니다.
> 이런 시기에는 조용히 물러나
> 때를 기다리는 것이 최선입니다."

몸을 피하는 것이 상책입니다. 물러나야 형통하고 이롭습니다. 지금은 나서서 행할 때가 아닙니다. 더 멀리 뛰기 위해 움츠리듯 그렇게 움츠려야 할 때도 있는 법입니다.

천산돈은 건상간하, 즉 위는 하늘(건괘 ☰), 아래는 산(간괘 ☶)인 괘입니다. 돈(遯)은 '은둔'이라는 뜻입니다. 주위의 소인들이 성가시게 굴어서 뒤로 물러나는 형상이며, 하늘 아래 산이 있는 형상입니다. 늘 그 자리에 있는 하늘은 도에 뜻을 둔 대장부를 뜻하고, 산은 그 자리에서 움직이지 못하는 소인을 뜻합니다. 소인은 도가 아닌 것들에 욕망이 묶여 있기 때문에 움직이지 못합니다. 군자는 소인을 멀리할 수밖에 없지만, 그렇다고 해서 그들을 무조건 미워하지는 않습니다. 소인은 현재 도를 모를 뿐, 언제든지 깨달을 수 있는 존재이기 때문입니다.

천산돈은 음력 6월괘입니다. 괘상을 보면 밑의 2개의 음 막대기가 4개의 양 막대기를 먹어 들어가는 형상입니다. 즉, 양이 물러가는 형상이라서 괘 이름을 '돈(遯, 숨을 돈, 달아날 둔)'이라 하였습니다. 세상에 소인이 난무하면 군자는 물러가기 마련입니다. 대인이나 군자가 난세를 파악하고는 은퇴하여 숨는 형상입니다. 대장부는 자신을 알아주는 왕과 시대를 얻지 못한다면 조용히 때를 기다리는 것이 최선입니다. 이런 선택도 아무나 할 수 있는 것은 아니지요.

천산돈의 핵심 단어는 '호돈(好遯), 가돈(嘉遯)'입니다. 호돈(好遯)은 좋아도 물러남, 또는 적당한 때에 물러남입니다. 가돈(嘉遯)은 아름답게 물러남입니다. 물러날 때를 알고 물러나는 아름다운 은둔입니다. 주위의 칭송을 받으며 물러나는 것입니다. 그런데 칭송을 받고 인기가 높아지면 더 머물고 싶은 것이 인간의 속성입니다. 항상 지나침을 경계해야 합니다. 그러므로 칭송이나 인기가 지나치기 전에 미련을 두지 말고 용기 있는 결단으로 물러나야 합니다.

아름답게 물러난다는 것은 때를 잘 알아서 미련 없이 물러난다는 것입니다. 욕심을 버려 벼슬자리를 마다하고 자신의 뜻을 따르기 위해 자연과 더불어 유유자적하는 것이지요. 시작하기보다 어려운 것이 유종의 미를 거두는 것이고, 나아감보다 더 힘든 것이 물러남입니다. 인생에 있어서도 성공의 정상에 올라가는 것 못지않게 성공의 정상으로부터 영예롭게 내려오는 것이 중요합니다. 그러기 위해서는 물러남의 지혜가 필요합니다.

물러남에는 용기 있는 결단이 필요합니다. 영원함이 없는 것이 우주 만물 변화의 이치입니다. 그러나 대체로 자기만은 영원하리라는 착각과 사리사욕에 얽매여 물러남을 거부하다 결국은 화를 당하게 됩니다. 그러므로 나아감을 위한 용기 못지않게 물러남을 위한 결단도 필요합니다.

34

뇌천대장(雷天大壯)
The Power of the Great

진상(☷)

건하(☰)

❖ 키워드
#굳셈 #웅장함 #저양촉번

"굳센 기상의 괘입니다.
과대포장은 금물입니다.
사리사욕은 버리고 크게 생각하세요."

크고 강한 힘을 바르게 지키세요. 힘을 과신하는 것은 그릇된 용기입니다. 지혜가 결여된 힘, 생각보다 행동이 앞서는 저속한 힘은 파멸을 불러옵니다.

뇌천대장은 진상건하, 즉 위는 우레(진괘 ☳), 아래는 하늘(건괘 ☰)인 괘입니다. 우레(☳)가 하늘(☰) 위에서 위엄 있게 울리고 있습니다. 대장(大壯)은 하늘 위에 우레가 울리는 형상입니다. 그러나 늘 바르게 해야 하며, 자기 수양 속에서만 군자로 거듭납니다. 진실로 크고 강한 힘은 어리고 약한 것들을 보호하는 힘입니다. 그래서 강한 힘을 가진 사람이 올바른 사회정의를 세워야 사회가 더욱 편안해질 수 있습니다.

뇌천대장은 군자의 괘입니다. 즉, 군자가 세상을 호령하는 모습입니다. 그럼에도《주역》은 계속 바르게 해야 함을 강조하고 있습니다. 군자도 이러한데 보통 사람들이야 말할 것도 없습니다. 가장 강한 것은 스스로를 이기는 것이며, 자신을 이기는 길은 예를 따르는 것입니다. 이렇게 부드러운 힘이 군자의 대장입니다.

뇌천대장의 핵심 단어는 '저양촉번(羝羊觸蕃)'입니다. 저양촉번은 숫양이 울타리를 받다가 뿔이 걸려 꼼짝 못한다는 뜻으로, 진퇴가 자유롭지 못하게 됨을 이르는 말입니다. 힘이 넘친다고 자신의 힘을 너무 믿어 무리하는 것을 경계하는 말로 '저양촉번'을 사용했습니다. 자기의 강성함만 믿고 무리하게 밀고 나간다면 아무리 바른 길이라도 위태롭습니다. 그래서 결국 숫양이 울타리를 받아서 그 뿔이 울타리에 걸리는 것과 같은 신세가 된다는 것입니다.

35

화지진(火地晉)
Progress

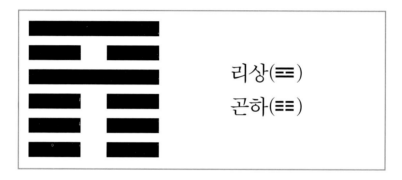

리상(☲)

곤하(☷)

❖ 키워드

#전진 #나아감 #진여석서

**"전진의 괘입니다.
기회가 왔습니다.
망설이지 말고 나아가세요."**

밝은 해가 중천에 떠 있는 형상입니다. 대중의 지지를 받고 대중을 감동시키는 것보다 더 큰 힘은 없습니다. 여러 사람이 따르면 곧 천심이 됩니다. 의심을 가지고 고집스럽게 나가면 위태롭습니다.

화지진은 리상곤하, 즉 위는 불(이괘 ☰), 아래는 땅(곤괘 ☷)인 괘입니다. 군자가 힘을 길렀으면 이제 나아가야 합니다. 진(晉)은 밝은 해가 땅 위로 나와서 중천에 떠 있는 모습입니다. 사회적으로 평화롭고 안정된 밝은 세상이 되면 도통한 성인군자는 머물러 있지 말고 나아가야 합니다. 진은 태평한 시기에, 위로는 크게 밝은 천자(☰)가 아래로는 백성(☷)을 잘 다스리는 제후에게 상을 주며 어루만지는 모양입니다.

화지진의 핵심 단어는 '진여석서 정 려(晉如鼫鼠 貞 厲)'입니다. 진여석서(晉如鼫鼠)는 나아가는 것이 마치 들쥐 같으니, 고집부리면 위태롭게 된다는 뜻입니다. 군자가 나아갈 때는 이런 모양새여서는 안 된다는 것이지요. 들쥐는 《시경》의 민요에도 등장하는데, 약간 비열한 이미지가 있습니다. 농가의 곡식을 훔쳐 먹기에 옛사람들이 그런 이미지를 심은 것입니다.

또 다른 설로는 다람쥐 설도 있습니다. 의심을 품는 모습을 석서(鼫鼠)로 비유한 것이지요. 다람쥐는 의심이 많은 동물입니다. 그런 의심이나 가지고 고집스럽게 나가면 위태롭습니다. 중국 후한 시대에 허신이 편찬한 한자사전인 《설문해자》에는 '다람쥐는 날되 집을 넘지 못하고, 나무를 타되 가지 끝까지는 타지 못하고, 헤엄을 치되 계곡을 건너지 못하고, 구멍을 파되 자신을 가리지 못하고, 달리되 사람보다 늦다'라는 구절이 나옵니다. 옛사람들은 다람쥐는 5가지 기술이 있으나 하나도 제대로 능한 것이 없어서 의심이 많다고 본 것입니다.

지화명이(地火明夷)
Darkening of the Light

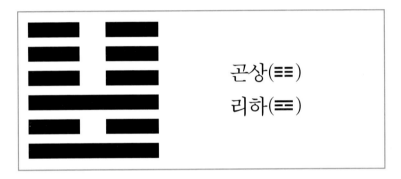

곤상(☷)

리하(☲)

❖ 키워드

#어둠 #카를 융 #그림자

"어둠의 괘입니다.
어둠의 때에는 자신을 드러내지 않고
신중하게 해야 결실을 맺습니다."

어둠 속에서는 조심조심 처신하여 바른 도를 지키되 그 덕을 드러내지 않아야 해치려는 자가 없어서 이롭습니다. 직면한 어려움을 외면하지 말고 똑바로 응시하며, 자신을 바르게 지키면서 앞날을 대비하세요.

지화명이는 곤상리하, 즉 위는 땅(곤괘 ☷), 아래는 불(이괘 ☲)인 괘입니다. 해가 지는 것이 명이(明夷)괘입니다. 음양의 끊임없는 순환이 바로 천지자연의 법도이며, 이 세상에 고정된 것은 아무것도 없습니다. 영원한 빛도, 영원한 어둠도 없습니다. 달도 차면 기울고 꽃도 활짝 피고 나면 시듭니다. 명이는 땅속에 불이 들어가 밝은 것이 어두운 것에 가려져서 손상된 것입니다. 어둡고 캄캄한 세상을 만나면 더욱 바르게 처신해야 살아남습니다.

군자는 소인이 득세한 어려운 때에는 조심조심 처신하여 자신의 바른 도를 지키되 그 덕을 드러내지 않아야 해치려는 자가 없어서 이롭습니다. 밝음이 상하는 명이의 때에는 내가 직면한 어려움을 외면하지 말고, 똑바로 응시하며, 나 자신을 바르게 지키면서 앞날에 대한 대비를 해야 합니다.

지화명이의 핵심 단어는 '명이(明夷)'입니다. 이(夷)는 '상하다, 죽이다, 멸하다'라는 뜻입니다. 명이는 밝음이 상했다는 의미입니다. 지화명이는 특히 부정적인 감정, 즉 분노, 짜증, 괴로움, 두려움, 슬픔 등의 감정이 올라올 때 어떻게 대처할지를 잘 보여줍니다. 명이는 '어둠의 도'를 말합니다. 경험하기 싫은 부정적 감정이 올라올 때 이를 어떻게 처리할 것인지를 잘 보여줍니다.

명이괘의 교훈은 '용회이명(用晦而明)'입니다. 용회이명은 어둠을 이용해서 밝아지는 것입니다. 자신의 부정적인 모습과 감정을 인정하고 수용함으로써 이를 밝은 곳으로 끌어내는 것입니다. 어둠을 이용해서 밝아지는 방법은 스위스 분석심리학자 카를 융이 말하는 '무의식의 의식화'와 같은 원리입니다. 융은 자신의 내면에 있는 그림자를 의식화함으로써 진정한 자기를 실현할 수 있다고 주장했습니다.

풍화가인(風火家人)
The Family(The Clan)

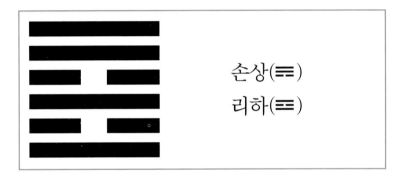

손상(☴)

리하(☲)

❖ 키워드
#가족 #가화만사성 #유부 위여

> **"가족의 괘입니다.**
> **가정에 충실하세요.**
> **화목해야 결실을 맺습니다."**

가족은 서로 믿고 사랑하면 근심이 없고 길합니다. 행복한 가정은 온 가족이 자기의 도리를 다하면서 사랑하고 존중하는 가운데 이루어집니다.

풍화가인은 손상리하, 즉 위는 바람(손괘 ☴), 아래는 불(이괘 ☲)인 괘입니다. 가정의 기둥은 사실 남성이 아니라 여성입니다. 가화만사성(家和萬事成), 집안이 화목해야 모든 일이 잘됩니다. 그러기 위해서는 무엇보다 집안 여성들의 역할이 중요합니다. 아내로서 남편에게 온화하게 응해주고, 어머니로서 자식을 보듬어 안아주는 따뜻함이 곧 자신감 있는 사회생활의 원동력이 됩니다. 가정 안의 남녀가 서로 사랑하여 각기 바르게 생활해나가면 천지 대의에 합치되는 일이 됩니다.

《주역》에서 말하는 음양의 도는 하늘과 땅의 조화로 만물이 만들어지고 번성하듯이 남자와 여자의 사랑으로 이루어진 가정에서 자녀들이 탄생하고 성장하는 것입니다. 음양으로 보자면 남자는 양이고, 여자는 음입니다. 천지에는 2가지의 방향성이 다른 운동이 있습니다. 하나는 양이고, 하나는 음입니다. 양은 바깥을 향해 나아가려는 힘이고, 음은 안을 향해 집중하는 힘입니다.

풍화가인은 바람이 타오르는 불길로부터 나오는 것처럼 바깥세상을 다스리는 영향력이 집안에서부터 시작된다고 말합니다. 하괘는 불, 상괘는 바람입니다. 바람과 불은 서로가 서로에게 기대는 관계입니다. 불꽃을 살리기 위해 부채질을 하고, 불길의 뜨거운 바람으로 음식을 만들 수 있습니다.

풍화가인의 핵심 문장은 '유부 위여 종길(有孚 威如 終吉)'입니다. 믿음을 두고 위엄이 있으면 마침내 길하다는 뜻입니다. 신뢰는 사람 사이의 기본 요건이며, 가족 사랑의 원천입니다. 믿음으로 사랑이 깊어지고 오래 이어집니다. 가족을 이끌어나갈 때도 믿음을 가장 중요한 바탕으로 삼되, 너무 나약하지 않게 때로는 위엄 있는 모습으로 대하는 것이 필요합니다. 어른이 존엄을 잃고 젊은이가 공손하지 못하면 집안이 반드시 어지러워집니다.

부부 사이뿐만 아니라 부모와 자식 사이에도 믿음이 굳건하게 자리 잡아야 모든 오해와 갈등을 믿음으로 풀어낼 수 있습니다. 때로는 자기 고집을 버리고 잘못이 있으면 반성하고 마음을 열 때는 열어서 젊은 세대와 소통하는 노력이 필요합니다. 집안을 다스리는 기본 원칙은 성실이며, 집안의 어른이 직접 모범을 보여야 합니다. 그것이 바로 수신제가 치국평천하(修身齊家 治國平天下)입니다.

38

화택규(火澤睽)
Opposition

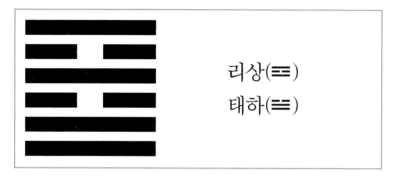

리상(☲)

태하(☱)

❖ 키워드
#어긋남 #반목 #대립

"어긋남의 괘입니다.
등지고 반목하는 상황이므로
서두르지 말고 작게 풀어나가야 합니다."

어긋났을 때는 작은 일부터 단계적으로 해결해나가야 합니다. 서로의 다름을 틀림으로 혼동하지만 모든 사람은 생김새도, 생각도 다 다릅니다. 만물은 만 가지로 어긋나 있기 때문에 만물이 될 수 있습니다.

화택규는 리상태하, 즉 위는 불(이괘 ☲), 아래는 연못(태괘 ☱)인 괘입니다. 불이 위에 있고, 연못이 아래에 있어서 불은 불대로 위로 오르려 하고 연못은 연못대로 아래로 흐르려 하니, 서로 만나지 못하고 따로 놀아 어긋나게 됨을 의미합니다. 규(睽)는 어긋나는 것이니, 어긋났을 때는 작은 일부터 단계적으로 해결해나가야 합니다.

화택규의 핵심 단어는 '규(睽)'입니다. 규(睽)는 '눈 목(目)' 자의 변에 '계(癸)' 자를 붙여 만든 글자로, '노려보다, 등지다, 반목하다, 어긋나다'라는 뜻입니다. 만나지 못하면 통하지 못하고, 통하지 못하면 합하지 못합니다. 《주역》에서는 이렇게 합하지 못한 상태를 어긋났다고 합니다. 하늘과 땅은 어긋나지만 하는 일이 같아 그사이에서 만물이 나옵니다. 남자와 여자도 성질이 달라 서로 어긋나지만 서로의 뜻이 통하므로 혼인하여 아이를 낳습니다. 세상 만물은 다른 듯 보이나 본질적으로 같은 의미를 갖고 있습니다.

화택규는 어긋남의 괘입니다. 규는 대립과 불화로 인해 서로의 유대가 깨져 혼자 남게 됐다가 작은 성공들을 쌓아서 공동성과 유대를 찾게 되는 괘입니다. 지금은 어긋나 있지만 언젠가는 서로 기꺼이 만날 때가 옴을 알려줍니다.

39

수산건(水山蹇)
Obstruction

감상(☵)

간하(☶)

❖ 키워드

#차단 #어려움 #리 서남 불리동북

"차단의 괘입니다.
가로막혀 있을 때에는
대립하지 말고 조력자를 찾으세요."

앞에는 거친 강물이 가로막고 뒤로는 높은 산이 버티고 서 있어 갈 수가 없는 괘상입니다. 하지만 위기는 곧 기회입니다. 험난한 중에 중용을 행하고 나를 도와줄 사람을 찾아야 길합니다. 극복할 수 없는 위험은 없습니다.

수산건은 감상간하, 즉 위는 물(감괘 ☵), 아래는 산(간괘 ☶)인 괘입니다. 수산건은 어려움의 도를 말합니다. 험한 산과 거친 강물, 즉 극복하고자 하는 온갖 어려움은 결국 알고 보면 스스로 만든 것일 때가 많습니다. 이러한 어려움은 결국 진정한 자기 자신에게로 돌아오기 위한 것입니다.

수산건은 산 위에서 비를 만나는 형국, 또는 물이 깊고 산이 높은 형국이니 큰 어려움이 있어 가기 힘든 경우입니다. 수산건은《주역》의 4대 난괘(택수곤☱☵, 수뢰둔☵☳, 중수감☵☵, 수산건☵☶) 중 하나이므로 어려운 시기입니다. 하지만 그러한 상황보다 더 위험한 것은 극복할 수 없다고 생각하는 마음 상태입니다. 극복할 수 없는 위험은 없습니다. 다만, 자포자기하는 마음만이 있을 뿐입니다. 우리는 위험을 통해 새롭게 태어날 수 있습니다. 위험을 오롯이 받아들일 때, 위험에 자신의 전체를 내맡길 때, 과거의 나는 죽고 새로운 내가 태어납니다. 건(蹇)은 '다리를 절다'라는 의미인데 글자를 자세히 살펴보면 그 뜻이 더 가깝게 다가옵니다. 건(蹇)은 '추울 한(寒)' 자와 '발 족(足)' 자가 합해진 글자로 발이 얼어서 걷기 어려운 모습을 나타냅니다.

세상을 살아가다 보면 누구나 험한 어려움을 겪게 될 때가 있습니다. 험하고 어려운 일 앞에서 그친다는 의미는 그 험난함 속에 빠져 허우적거리지 않고 냉철한 정신으로 헤쳐나갈 최선의 방책을 찾는다는 것입니다. 먼저 어려운 상황을 부정하지 말고 그대로 인식하고 판단해야 합니다. 그다음으로는 해야 할 일과 해서는 안 되는 일을 분간하고 열심히 몸을 움직여 실행해야 합니다. 어느 일에서나 해서는 안 되는 행동이 있습니다. 바로 그쳐야 할 곳에서 그칠 줄 모른다는 것인데, 그것은 욕심을 부리는 것이고, 판단을 그르쳐

허둥대는 것이고, 힘이 있는데도 열심히 하지 않는 게으른 태도입니다. 그래서 험한 일 앞에 그칠 능력이 있으면 어려움을 이겨낼 수 있습니다. 위기 앞에 서 있을 때일수록 자신을 바르게 하지 않으면 안 됩니다.

수산건의 핵심 문장은 '리서남 불리동북(利西南 不利東北)'입니다. 직역하면 서남은 이롭고 동북은 이롭지 않다는 뜻입니다. 문왕의 후천8괘에서 서남은 곤(☷ 땅)에 해당하고, 동북은 간(☶ 산)에 해당합니다. 곤(坤)은 평탄하고 쉽다는 뜻이 있고 간(艮)은 높고 험준하다는 뜻이 있습니다. 어려운 때를 당하면 쉽고 평탄한 데에 순하게 처해야 합니다. 험한 곳에 무모하게 가려 하면 어려움이 더욱 심해질 뿐입니다. 보편적으로 사람들은 어려움에 봉착하면 그 원인을 항상 밖에서 찾습니다. 하지만 군자는 수산건의 상을 보고서 자신을 돌이켜 덕을 닦으니, 험난함을 만나면 그 원인을 남에게서 찾지 않고, 반드시 자신에게서 찾습니다.

40

뇌수해(雷水解)
Deliverance

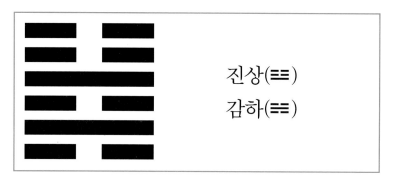

진상(☳)

감하(☵)

❖ 키워드
#해결 #기회 #공용석준우고용지상

"해결의 괘입니다.
타이밍이 중요합니다.
얽힌 문제가 있다면 속 시원하게 푸세요."

해결할 일이 있다면 속히 처리해야 길합니다. 서둘러 해산시키면 공을 이루고, 미적거려서 늦어지면 피해가 커지게 됩니다. 욕심을 버리세요.

뇌수해는 진상감하, 즉 위는 우레(진괘 ☳), 아래는 물(감괘 ☵) 인 괘입니다. 해(解)는 흩어지고, 풀고, 화해하고, 해결한다는 뜻입니다. 진괘는 움직임이요 감괘는 험함이니, 험난함의 밖에서 움직여 험난함으로부터 풀려나오는 모양입니다.

감괘는 방위로는 북쪽, 오행으로는 수(水)로 계절로 치면 겨울에 해당합니다. 진괘는 방위로는 동쪽, 오행으로는 목(木)으로 봄에 배속됩니다. 봄은 목(木) 기운으로 따뜻합니다. 이렇게 따뜻한 봄은 수(水) 기운이 왕성한 겨울로부터 나옵니다. 겨우내 추워 얼어 있던 것이 풀리는 것입니다. 그래서 뇌수해는 구속으로부터 해방되어 자유로워진다는 의미도 담고 있습니다. 겨울의 고난이 끝나고 봄의 희망이 열리는 때입니다.

뇌수해의 핵심 문장은 '공용석준우고용지상 획지 무불리(公用射隼于高墉之上 獲之 无不利)'입니다. 공이 기물을 갖추고 높은 담 위에 있는 새매를 쏘아 잡으니 이롭지 않음이 없다는 뜻입니다. 해결할 일이 있다면 미적대지 말고 기회가 왔을 때 잽싸게 새를 쏘아 잡듯이 해결하라는 것이지요.

이 문장에는 공(公), 새매(隼), 활/화살(射)이라는 3가지 상징이 등장합니다. 여기서 새매의 의미는 인생에서의 기회입니다. 일생에서 기회가 언제 도래할지는 아무도 모릅니다. 인간은 그때를 인내하며 준비해야 합니다. 그 시기에 할 수 있는 것은 열심히 실력을 배양하는 것입니다.

활과 화살은 새매를 잡기 위한 수단이자 방편이요, 공은 그 수단을 사용하는 주체입니다. 해결을 위한 수단과 방법을 강구하고, 그 수단을 적절히 활용할 수 있는 역량을 연마하여 몸에 익히면 기회는 담장 위에 새가 앉듯 반드시 찾아옵니다. 인생의 관건은 어느 순간 불현듯 눈앞에 다가온 그 기회를 능히 움켜잡을 수 있는 재목으로 자신을 연마하는 것입니다.

41

산택손(山澤損)
Decrease

간상(☶)

태하(☱)

❖ 키워드
#손해 #욕심 #덜어냄

"덜어냄의 괘입니다.
하나의 이익을 더하는 것보다는
하나의 해로움을 덜어내는 것이 중요합니다."

손해를 본다는 생각이 아니라 믿음과 정성으로 덜어내면, 손해는 앞으로 더 큰 이익이 되어 크게 좋은 일이 생깁니다. 덕이 있으면 반드시 이웃이 있습니다.

산택손은 간상태하, 즉 위는 산(간괘 ☶), 아래는 연못(태괘 ☱)인 괘입니다. 산에는 수목이 울창하고, 아래 못에는 물이 고인 상이므로 못의 기운을 덜어내 산의 수목을 길러준다는 뜻입니다. 손(損)은 덜어낸다는 의미로 아래를 덜어서 위를 더해줍니다. 나라로 말하면 백성이 세금을 내어 나라의 빈 창고를 채워주는 것이지요.

산택손의 핵심 단어는 '손(損)'입니다. 여기에는 3가지 의미가 있습니다. 자기를 덜어 남을 따름, 스스로 덜어 남에게 더해줌, 손의 도를 행하여 남에게서 더는 것이 그것입니다. 옛사람들은 '해(解, 해결되다)' 이후에 '손(損)'이 온다고 보았습니다. 풀어지고 난 뒤에는 자신에게 있는 무언가를 덜어내야 하는 상황, 즉 손해 볼 상황이 온다고 생각한 것이지요. 그런데 덜어내는 것이 엄청난 부담은 아닙니다. 그래서《주역》에서는 '믿음이 있다면, 대그릇 2개에 담긴 것만으로도 가히 제사를 지낼 수 있다'라고 표현합니다.

예나 지금이나 우리의 일상생활에는 덜어내야 할 것이 참으로 많습니다. 혼사와 상례에서도 덜어내야 할 허례가 많지만, 제례도 너무 형식에 치우쳐 번거로웠습니다. 손(損)의 정신은 제사를 지낼 때에도 성찬으로 차리지 말고, 대그릇 둘에 간략하게 지내는 것입니다. 허나 없을 때는 없는 대로 하라는 것이지, 풍요로운 데도 제사만 검소하게 하라는 것은 아닙니다. 이는 곧 덜고 더하고 채우고 비우는 것을 때에 맞게 하라는 것입니다. 인간의 도덕적 수행에도 손(損)의 도가 중요합니다. 그릇됨을 덜어 없애고 의리로 나아가야 합니다. 허황함을 털어내고 본질로 나아가야 합니다. 지나친 꾸밈을 덜어내어 정성을 보존해야 하고, 욕심을 덜어내어 천리로 돌아가는 것이 바로 손(損)의 도학적 의미가 됩니다.

유비에게 제갈량이 있었다면 칭기즈칸에겐 야율초재가 있었는데, 그가 남긴 유명한 말이 있습니다. '하나의 이익을 얻는 것이 하나의 해를 제거함만 못하고, 하나의 일을 만드는 것이 하나의 일을 없애는 것만 못하다.' 칭기즈칸이 초원의 유목민에 불과한 몽골족을 이끌고 동서양을 아우르는 대제국을 건설할 수 있었던 것은 야율초재라는 걸출한 책사가 있었기 때문이었습니다.

42

풍뢰익(風雷益)
Increase

☰☰☰ ☰☰

손상(☴)
진하(☳)

❖ 키워드
#이익 #도전 #입심물항

> "이익의 괘입니다.
> 그냥 얻어지는 것은 없습니다.
> 과감하게 도전해야 성과도 이룹니다."

먼저 투자를 해야 수익이 있고, 자신의 마음을 먼저 주어야 상대의 마음을 얻기 마련입니다. 마찬가지로 도전을 해야 얻음이 있을 것입니다.

풍뢰익은 손상진하, 즉 위는 바람(손괘 ☴), 아래는 우레(진괘 ☳)
인 괘입니다. 우레와 바람은 서로 간에 유익함을 더해줍니다. 바람
이 맹렬하게 불면 우레도 빨라지고, 천둥소리가 격렬하면 바람도
따라 거세어지므로 서로 도와서 세를 더해줍니다. 풍뢰익의 괘상은
군주 자신에게는 박하게 하고 민생을 후하게 하는 모습입니다. 아
랫사람을 우대하면 윗사람이 편안해지므로 아래로 더해주는 것이
손해가 아니라 곧 이익이 됩니다. 풍뢰익은 위를 덜어서 아래를 더
해주는 것이니 백성들이 기뻐합니다. 이는 홍익인간 정신과 일맥상
통합니다.

익괘는 가만있으면 저절로 이로워지는 것이 아니라 큰 내를 건
너듯 해야 한다고 말합니다. 내가 도움을 받든지 아니면 거꾸로 내
가 누군가에게 힘을 보태어주든지 간에 '보탬의 시기'는 바로 뭔가
큰일을 벌이는 시기입니다. 새로운 사업을 벌일 수도 있으며, 새로
운 자리에 취직하는 경우도 해당됩니다. 이럴 때는 잘못된 것을 지
적하여 깎아내리기보다 잘하는 것을 치켜세워 힘과 기를 보태주어
야 합니다. 한의학적인 관점으로 보자면 '보(補, 도울 보, '보약'의 보)'
법이 '사(瀉, 쏟을 사, '사혈'의 사)'법에 우선해야 하는 경우입니다.

풍뢰익의 핵심 문장은 '입심물항 흉(立心勿恒 凶)'입니다. 이는
마음을 수양하여 변함없는 덕을 견지하지 못하면 흉하다는 경계입
니다. 길흉의 원천은 우리의 마음 여하에 달려 있습니다. 풍뢰익은
이익을 뜻하지만, 변함없는 항심을 갖지 못하고 너무 지나치면 달
이 기울듯이 더 이상의 이익을 기대하기란 어렵게 됩니다. 이익이
지나치면 자신의 사리사욕을 추구하게 됩니다.

43

택천쾌(澤天夬)
Breakthrough(Resoluteness)

태상(☱)

건하(☰)

❖ 키워드
#결단 #결정 #몰아냄

> "결단의 괘입니다. 중요한 결정에 앞서
> 수양의 덕으로 스스로를 반성하세요.
> 힘으로만 몰아내면 이롭지 않습니다."

항상 더하기만 할 수는 없습니다. 지나치게 자신의 이익만을 추구하면 반드시 둑이 터지게 마련입니다. 결단을 내리기 전에 사람들에게 도움을 얻으면 좋은데, 먼저 중용의 덕으로 마음을 움직이세요.

택천쾌는 태상건하, 즉 위는 연못(태괘 ☱), 아래는 하늘(건괘 ☰)인 괘입니다. 택천쾌는 연못이 하늘로 올라가 비가 되어 내리는 모습입니다. 만물을 적시니 좋은 시절이고 모든 것이 잘 돌아가는 상황입니다. 익(益)이 극에 달하면 반드시 터진 뒤에야 안정을 찾게 됩니다. 더하기를 그치지 못하면 마침내는 결단을 감행해야 합니다. 쾌(夬)는 '터놓다, 결단하다'의 의미입니다.

택(澤)은 물이 모임을 이르는데, 지극히 높은 곳에 올라가 있으니 무너져 터지는 상입니다. 5개의 양이 아래에서 자라나 장차 극에 오르고, 1개의 음은 위에서 곧 소진될 운명에 처해 있으니, 이는 여러 양이 위로 나아가 하나의 음을 결단하고 몰아내는 형세입니다.

택천쾌의 핵심 단어는 '쾌(夬)'입니다. 쾌(夬)는 군자가 소인을 결단하고 몰아내는 모습입니다. 양이 다섯이나 있으니 올라가 마지막 남은 음을 결단합니다. 만약 택천쾌(☱☰) 맨 위층에 있는 하나의 음을 결단하고 나면 이 괘는 하늘 괘인 중천건(☰☰)이 됩니다. 괘 모두가 양인 시대가 도래하는 것이지요. 이 시대는 군자의 시대요, 군자가 다스리는 태평성대가 됩니다. 하나를 얻으면 다른 하나는 포기해야 합니다. 그 상황에서 둘을 견주어 어떤 것이 이익일지를 따지다 보면, 쉽사리 어느 한쪽을 포기하지 못합니다.

택천쾌는 때에 따라 결단할 것을 종용합니다. 나의 결단을 보류하지 않을 때 삶은 나아갑니다. 결단이 필요한 순간에 결단할 용기를 우리는 택천쾌로부터 배워야 합니다.

44

천풍구(天風姤)
Coming to Meet

건상(☰)
손하(☴)

❖ **키워드**

#만남 #인연 #카르페 디엠

> **"만남의 괘입니다.**
> **뜻밖의 일도 있을 수 있습니다.**
> **카르페 디엠(Carpe Diem), 현재를 잡으세요."**

하늘에 바람이 불면 바람의 영향이 모든 곳에 미치므로 어떠한 것이든 서로 만나게 됩니다. 괘의 모양을 잘 보면 충만한 양기 속에서 하나의 음이 움트기 시작합니다. 음과 양이 처음으로 만나기 시작합니다.

천풍구는 건상손하, 즉 위는 하늘(건괘 ☰), 아래는 바람(손괘 ☴)인 괘입니다. 위에는 하늘이 있고, 아래에는 바람이 있는 형상입니다. 위는 전부 양으로 되어 있는데, 맨 밑에서 음이 하나 자리를 잡고 있습니다. 위는 튼튼한 것 같아도 맨 밑에는 바람이 솔솔 들어오고 있는 형국이기도 합니다. 지금은 최고점에 도달해 있지만 내일부터는 슬금슬금 문제가 발생하면서 내리막길이 시작될 수도 있다는 경계의 의미로 되새겨도 좋습니다. 만남이 있으면 헤어짐도 있기 마련이니까요.

천풍구의 핵심 단어는 '구(姤)'입니다. 만난다는 뜻입니다. 만남이 있으면 필연적으로 헤어짐이 있고, 헤어짐이 있은 연후라야 비로소 새로운 인연이 시작됩니다. 천풍구는 바로 이러한 '만남'에 대한 이야기입니다. 하늘 아래 바람이 부는 모습을 떠올리면 됩니다. 바람이 온 세상을 다니며 수많은 것들을 만나는 것이 이 괘의 이름인 '구(姤)'입니다. 천풍구(☰)는 음력으로 5월입니다. 음력 4월(중천건☰)까지는 천지에 양기가 가득한 시기입니다. 천지 만물이 생장의 흐름을 타고 있기 때문입니다. 생장의 정점을 찍고 나면, 이제 수렴의 흐름을 타기 시작합니다. 자라기만 하면 결실을 볼 수 없기 때문입니다. 그래서 음력 5월인 천풍구는 충만한 양기 속에서 하나의 음이 움트기 시작합니다. 언뜻 이상하다고 생각되지요? 하지만 자연의 시간 차 원리는 이렇습니다. 더위가 시작되는 음력 5월에 이미 저 깊은 땅속에서는 음의 기운이 서서히 시작됩니다.

앞에서 이순신 장군은 매일 아침마다 주역점을 쳤다고 말씀드렸는데요.《난중일기》에 따르면 원균에 대한 이순신 장군의 주역점 결과는 수뢰둔괘에서 아주 많은 효가 움직여서 천풍구괘로 변하는 괘였습니다. 수뢰둔괘는 '나아가기 힘듦' 또는 '부동의 대기'를 뜻합니다. 즉, 나아가서는 안 된다는 의미의 괘가 나온 것입니다. 원균은 왜군의 도발에도 군대를 주둔하고 나가지 않아야 했는데 총공격에 나섰습니다. 또한, 다음 괘인 천풍구괘는 '뜻밖의 일을 만난다'라는 계시입니다. 《난중일기》의 표현에 따르면 그야말로 대흉(大凶), 크게 흉한 점괘였지만 원균은 무리한 출정을 강행했고 결국 삼도의 모든 수군이 대패했으며 총사령관인 원균도 죽게 됩니다.

45

택지췌(澤地萃)
Gathering Together(Massing)

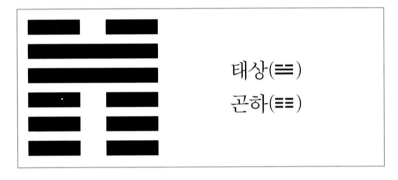

태상(☱)
곤하(☷)

❖ 키워드
#모임 #모음 #단합

"모임의 괘입니다.
단합이 필요합니다.
인심을 베풀어 사람을 모으세요."

감사 기도를 드리세요. 국가의 중요한 일이 있으면 현충원에 참배하는데,
사람의 뜻을 모으는 것의 일환입니다. 과거에는 사람을 모음에 있어 먼저
조상들에게 예를 올렸는데 이는 연대 의식을 부여합니다.

택지췌는 태상곤하, 즉 위는 연못(태괘 ☱), 아래는 땅(곤괘 ☷)인 괘입니다. 췌(萃)는 '모으다, 모인다'라는 뜻입니다. 연못이 땅 위에 올라가 있으면 물이 모입니다. 췌괘의 상괘는 태괘로 기쁨을 뜻하고, 하괘는 곤괘로 유순함을 뜻합니다. 그러므로 물이 지상에 모여 못을 이루니 만물을 윤택하게 하고 백성들이 편하게 살 수 있게 한다는 뜻을 담고 있습니다.

췌(萃)는 모든 백성을 모으는 것입니다. 천하의 인심을 모으려면, 위로는 신명을 받들고 아래로는 백성을 어루만지는 제사를 지내는 것이 좋습니다. 옛날에는 왕이 백성을 모아서 다스리는 데 있어 가장 중요한 일 중의 하나가 바로 종묘를 세우는 일이었습니다. 국민의 뜻을 하나로 모으는 데는 나라의 조상들을 모신 곳에서 고인들의 뜻을 기리고 감사함의 기도를 드리는 행사만 한 것이 없습니다.

택지췌의 핵심 단어는 '췌(萃)'입니다. 췌(萃)는 '모임, 모음'입니다. 가족이라는 작은 단위의 모임에서 국가에 이르기까지 모든 모임을 이루어 이끌어가는 일을 설명합니다. 모임의 단합을 위해서는 정통성을 확보해야만 만인의 지도자가 될 수 있습니다. 택지췌는 땅 위에 연못이 있는 형상입니다. 이 연못은 여기저기에서 흘러들어온 물이 모여드는 연못입니다. 이 연못은 어느 때는 적당하게 모이지만 극에 이르면 물이 넘쳐서 둑이 터져버립니다. 군자는 그것을 보고 인간사에 경계할 바를 적용했습니다. 사람의 부귀영화도 이와 같아 적당하면 온전하지만, 과도하면 자기 자신을 파멸시켜버립니다. 하여 부귀영화를 누릴 때, 잘나갈 때, 미리 불의의 사고나 사변을 준비해야 합니다.

46

지풍승(地風升)
Pushing Upward

곤상(☷)

손하(☴)

❖ 키워드
#승진 #진급 #수승화강

"승진의 괘입니다.
차근차근 준비하시고
이제 날아오를 준비를 하세요."

나무가 땅속에서 나와 점점 커 올라가듯이 지위도 올라가 크게 형통합니다. 믿음으로 오르니 크게 길합니다. 뜻을 활짝 펼칠 수 있는 넓은 곳으로 진출하려는 기개를 발휘하세요. 단, 욕심을 내서 부정하게 오르지 말고 바르게 순리대로 오르도록 노력하세요.

지풍승은 곤상손하, 즉 위는 땅(곤괘 ☷), 아래는 바람(손괘 ☴)인 괘입니다. 지풍승은 오른다는 뜻을 가지고 있습니다. 땅 밑에 있는 나무가 싹이 터서 땅을 뚫고 올라와 무럭무럭 자라는 형상입니다. 일취월장의 시기에는 위축되어 지내면 안 됩니다. 성장의 시기에는 대망을 품어야 합니다.

지풍승의 핵심 단어는 '승(升)'입니다. 여기서 승(升)은 '오를 승'자입니다. 오른다는 것은 세상만사 어디에서나 통용되는 과정입니다. 우리는 항상 빨리 오르고, 빨리 나아가기를 원합니다. 남들보다 빨리, 남들보다 많이. 그래서 《주역》에서는 경계의 말을 덧붙였습니다. 욕심을 내서 부정하게 오르지 말고, 쉬지 않고 오르려고만 하지 말고, 대신 바르게 순리대로 오르도록 노력하라고 경계합니다.

한의학에서 나오는 '승(升)'의 중요한 개념은 '수승화강(水升火降)'입니다. 신수(腎水)는 위로 올라가서 심화를 촉촉이 적셔주어야만 건조함이 없고 윤택함이 상부에 흐르며, 심화(心火)는 아래로 내려와서 신수를 따뜻하게 데워줌으로써 하초(배꼽 아래 부위의 장기들)와 요슬(허리와 무릎)에 냉습통이 생기지 않게 하고 하원을 충실케 할 수 있습니다. 수승화강이 제대로 되지 않으면 여러 가지 질병이 생길 수 있으며, 한번 생긴 병도 잘 낫지 않는 경우가 많습니다.

택수곤(澤水困)
Oppression(Exhaustion)

≡≡≡ ≡ ≡≡≡

태상(≡≡)

감하(≡≡)

❖ 키워드
#괴로움 #피곤 #곤란

> "괴로움의 괘입니다.
> 하지만 대인은 곤경 속에서도
> 불굴의 의지로 더욱 견고하게 나아갑니다."

곤궁한 상황은 오히려 나를 단련시킵니다. 못이 말라 물이 없어 곤궁하니 이미 벗어날 수 없는 운명이라면, 바꿀 수 없는 일에 마음을 쓰지 말고 오로지 자신의 뜻을 행해야 합니다. 비록 곤란한 때이나 형통한 마음으로 바르게 할 수 있는 사람이 바로 대인입니다. 불평과 변명을 일삼는다면 궁색해져 신뢰를 얻지 못합니다.

택수곤은 태상감하, 즉 위는 연못(태괘 ☱), 아래는 물(감괘 ☵)인 괘입니다. 너무 올라가기만 하다 보면 결국 낭패스럽게 곤란해질 때가 있습니다. 곤괘의 위는 연못을 상징하는 태괘이고, 아래는 물을 상징하는 감괘입니다. 연못에 물이 빠져버려 메마른 형상입니다. 곤(困)은 피곤, 곤란, 곤경, 괴로움을 말합니다. 몸은 비록 곤경에 처해 있어도 자신을 닦아가야 합니다. 강한 사람은 곤경에 빠져 위험을 겪고 나서도 밝고 기쁜 마음을 유지하려고 노력합니다. 이러한 대인의 마음은 훗날 성공의 토대가 됩니다. 어려운 상황에서도 웃을 수 있는 사람은 자신을 이겨내고 있다는 증거입니다.

고달픈 현실 속에서 균형 감각을 지니고, 지조와 절개와 아울러 융통성을 갖춰 처신하면 길합니다. 이렇게 나아가는 대인의 길은 좋을 것이고 허물도 없지만, 대신 이러쿵저러쿵 불평과 변명을 일삼는다면 궁색해져서 신뢰를 얻지 못합니다. 그저 무소의 뿔처럼 묵묵히 어려움을 헤치고 나아가는 모습으로만 믿음을 얻을 수 있습니다. 심지어 곤경에 처한 사람의 말은 믿어주지 않는다는 슬픈 상황도 벌어집니다. 허나 이를 섭섭히 여길 것도 없습니다. 침묵하며 하늘의 이치를 기꺼이 여기고 자신의 운명을 편하게 받아들여야 합니다.

택수곤의 핵심 단어는 '곤(困)'입니다. 곤의 한자를 살펴보면 나무가 우리 안에 갇혀 자라지 못하는 모양을 나타냅니다. 택수곤은 이름에서는 곤란함을 의미했지만 뜻을 살펴보면 오히려 형통한 괘입니다. 길흉은 따로 있는 것이 아니라 어떤 사건이라도 거기에서 배우는 것이 있으면 길하고, 배우지 못하면 흉합니다. 곤궁한 상황은 오히려 나를 단련시키는 장인 셈입니다. 정말 흉한 것은 어떤 것도 듣지 않고, 어떤 것도 보려 하지 않는 상태입니다.

이 곤란함에서 탈출하기 위해서는 정면 돌파의 정신이 필요합니다. 약간의 후회가 있을까 봐 두렵지만, 움직여 나아가야만 나를 얽매는 온갖 굴레로부터 빠져나갈 수 있습니다. 지금 이 일 저 일로 어찌지 못하고 속박되어 있더라도 용기를 가져야 합니다. 양이 극에 달하면 음이 시작되는 것처럼 궁핍하면 변화를 모색하게 됩니다. 그래서 곤궁함을 뚫고 나가려 하고, 뚫고 나가면 새로운 길이 열립니다.

48

수풍정(水風井)
The Well

감상(☵)

손하(☴)

❖ 키워드
#우물 #고인 물 #새로고침

"우물의 괘입니다.
우물은 퍼 올리지 않으면 썩습니다.
끊임없이 노력하세요."

오래된 우물은 새들조차도 찾아오지 않습니다. 무슨 일이든지 시작하면 끝까지 노력하여 완성을 보아야 합니다. 고인 물은 썩습니다.

수풍정은 감상손하, 즉 위는 물(감괘 ☵), 아래는 바람(손괘 ☴)인 괘입니다. 정(井)은 우물입니다. 우물은 생명의 원천입니다. 우물물은 열 길을 파야 나옵니다. 만약 아홉 길만 파고 중지하면 물이 나오지 않는 것처럼, 무슨 일이든지 시작하면 끝까지 노력하여 완성을 보아야 합니다. 고을은 바꾸어 다른 곳으로 갈 수 있으나 우물은 옮길 수가 없습니다. 그러므로 고을은 바꾸어도 우물은 바꿀 수 없습니다. 고인 물은 썩으므로 위정자들이 오랫동안 정사를 장악하고 부정부패를 일삼으면 나라가 혼란에 빠집니다. 이때는 나라를 병들게 하는 탐관오리들을 내쳐야지, 백성을 억압하거나 핍박해서는 안 됩니다. 우물의 더러운 물을 퍼다 버리되, 우물의 물구멍은 막아버리지 않는 것과 같은 이치입니다.

마을을 건설할 때는 우물을 먼저 파야 합니다. 우물은 시원하고 깨끗한 물이 늘 차 있습니다. 물을 퍼낸다고 금방 바닥이 드러날 정도로 없어지지도 않고, 그렇다고 물이 넘쳐서 우물 밖으로 철철 흐르는 것도 아닙니다. 그래서 늘 비슷한 모습으로 평상을 유지합니다. 군주는 아무리 길어 마셔도 고갈되지 않고, 그대로 두어도 넘치지 않는 우물처럼 욕심이나 방탕에 빠지지 않고 평정을 유지하는 무상무득(无喪无得)의 정치를 해야 합니다. 그러면 물을 먹기 위해 우물로 모여드는 것처럼 사람들이 저절로 모여듭니다. 군주는 정치하는 데 있어 살얼음판을 걷는 것처럼 조심해야 합니다. 샘물을 퍼올리기 위해서는 두레박을 내리는데 두레박의 줄이 짧거나, 우물의 물이 충분히 차오르지 않았을 때 무리하게 되면 자칫 두레박이 깨져버립니다.《주역》은 이것을 경계합니다. 왕이 인재를 등용한다는 시각으로 보면 등용할 인재가 없고, 인재를 중용할 노력도 안 한다는 뜻이 됩니다. 우물물을 먹기 위해서는 두레박을 우물 속 깊이 집

어넣어야 합니다. 우물에서 좋은 물을 얻기 위해 끈기를 갖고 두레박질을 계속 시도하는 것과 마찬가지로 세상에서 좋은 결과를 얻기 위해서는 좌절하지 말고 계속 노력해야 합니다.

수풍정의 핵심 문장은 '정니불식 구정 무금(井泥不食 舊井 无禽)'입니다. 우물에 진흙이 있어 먹지 못하며 오래된 우물이라 새들조차도 찾아오지 않는다는 뜻입니다. 흙탕물은 혼란과 부정이 오래되어 썩어버린 세상을 뜻합니다. 고인 물은 썩는 법입니다. 시대의 변화에 대처하지 못하고 낡은 가치와 편견만을 고집하여 구시대의 찌꺼기만 가득하다면 시대에 의해서 버려질 뿐입니다. 한때는 사람들에게 시원한 샘물을 마시게 했던 우물이 관리 소홀로 폐정이 되고 마는 것이지요. 사람도 F5 새로고침 버튼을 누른 것처럼 늘 새롭게 거듭나야 합니다. 자기 관리가 안 되어 게으르고 무능하거나 쓸모 있는 사람이 되고자 노력하지 않으면 주위에서 아무도 찾아주지 않습니다.

49

택화혁(澤火革)
Revolution(Molting)

태상(☱)

리하(☲)

❖ 키워드
#개혁 #호변 #표변

"개혁의 괘입니다.
지금보다 더 나은 방향으로의
진보와 개혁이 필요합니다."

혁명에는 어느 정도 시간이 걸리고 뼈를 깎는 노력이 필요합니다. 개혁은 호랑이와 표범이 털갈이하는 것처럼 허물을 고쳐 그 무늬가 아름다워지듯이 멋지게 변하는 삶입니다.

택화혁은 태상리하, 즉 위는 연못(태괘 ☱), 아래는 불(이괘 ☲)인 괘입니다. 여름을 달구던 기운도 절기가 변하면 그 기세가 누그러집니다. 이러한 우주의 대변화를 '금화교역(金火交易)'이라 합니다. 이 시기가 바로 택화혁입니다. 기존의 관습을 갑자기 변화시키면 민중이 쉽사리 믿지 않으니, 반드시 혁신에 나설 수 있는 조건이 완성된 때라야 인심이 믿고 따르게 됩니다. 나쁜 폐단을 변혁하는 것은 곧 소통을 이루는 것이므로 크게 형통합니다. 혁(革)은 정도를 따라야 이롭게 마치고, 오래도록 유지할 수 있어야 변동에 따르는 후회가 없게 됩니다.

《주역》은 3,000년 전에 이미 혁명을 논했습니다. 명(命)을 바꾼다는 것은 하늘의 명령을 바꿨다는 의미, 또는 하늘의 뜻에 따라 하늘이 부여한 명으로 바꾼다는 뜻입니다. 짐승의 갓 벗겨낸 가죽을 '피(皮)'라 하고, 이것의 털을 뽑아 쓸모 있게 만든 것을 '혁(革)'이라 합니다. 피(皮)를 혁(革)으로 바꾸기 위해서는 짐승 가죽의 털과 기름을 발라내는 작업인 무두질을 해야 하는데, 이 과정을 거쳐야 짐승의 날가죽은 비로소 새로운 쓸모와 면모를 갖춘 새 가죽이 됩니다. 택화혁괘는 연못(또는 냄비나 그릇, ☱)이 위에 있고 불(☲)이 아래에 놓여 연못 아래 불이 있는 상입니다. 아래의 불이 위로 타올라 위의 냄비를 끓이면 냄비 속 물질은 성질이 변합니다. 그것이 바로 혁(革)입니다. 혁(革)은 연못 속에 불이 들어 있는 형상으로서 솥단지에 쌀을 넣고 물을 부은 다음 불로 가열하여 밥을 하거나, 불로 쇠붙이를 녹여 주물한 다음 물로 냉각시켜 도구를 새로이 만든다는 뜻을 담고 있습니다.

택화혁의 핵심 문장은 '대인 호변(大人 虎變), 군자 표변(君子 豹變)'입니다. 직역하면 대인이 호랑이로 변함, 군자가 표범으로 변함입니다. 호변(虎變)과 표변(豹變)은 오랜 세월 훈련하고 계획하고 준비하며, 때를 기다리던 개혁의 지도자가 탁월한 광채를 발하며 개혁을 관철시킨 것을 말합니다. 이는 마치 호랑이와 표범이 털갈이를 하는 것처럼 그 무늬가 빛나고 드러나게 됨을 비유한 것입니다.

표변(豹變)이라는 말은 일반적으로 마음이나 행동 따위를 갑작스럽게 바꾼다는 부정적인 뉘앙스로 사용되지만, 원래 뜻은 표범의 무늬가 가을이 되면 아름다워진다는 것으로, 허물을 고쳐 말과 행동이 뚜렷이 달라짐을 이르는 말입니다. 잘 사는 삶이란 표범의 무늬가 아름다워지듯이 어려움에 처하거나 나쁜 상태에서 좋은 방향으로, 낮은 단계에서 높은 단계로 멋지게 변신하는 삶이며, 잘못 사는 삶이란 그 반대 방향으로 변하는 삶입니다.

50

화풍정(火風鼎)
The Caldron

리상(☲)
손하(☴)

❖ 키워드
#솥 #균형 #조화

"솥의 괘입니다.
절도와 조화를 의미합니다.
세 발 달린 솥처럼 균형을 유지하세요."

고대에 사용했던 세 발 달린 솥의 모습입니다. 솥은 세 발이 균형을 잡아야
밥이 설거나 타지 않고 골고루 잘 익습니다. 사람도 이처럼 강한 것과 부드
러운 것을 절도 있게 조화시켜 바르게 해야 평안합니다.

화풍정은 리상손하, 즉 위는 불(이괘 ☲), 아래는 바람(손괘 ☴)인 괘입니다. 화풍정은 밑에서 부는 바람이 위의 불을 활활 타도록 부채질을 하는 형상, 또는 나무가 밑에 있어 불이 타오르는 상황입니다. 손괘는 오행으로는 목(木)이고 상괘인 이괘는 오행으로 화(火)입니다. 마치 땔감을 넣어 불을 지피는 형국입니다. 이렇게 솥에 음식을 넣어 삶는 요리의 과정으로 괘를 설명하는 것이 바로 화풍정입니다.

화풍정의 핵심 단어는 '정(鼎)'입니다. 솥은 식재료를 한곳에 넣고 끓이거나 볶아 음식을 만드는 데 사용됩니다. 솥은 무엇인가를 배합해 가치를 만들어내는 물건에 비유될 수 있습니다. 국가의 가장 큰 행사인 신과 조상에 대한 제사를 지내는 일에 솥은 필수였습니다. 솥은 바르게 걸려 균형을 잡아야 합니다. 나라를 다스리는 사람도 자세를 바르게 취해야 하고, 바르게 정치를 해야 그 명령이 모두에게 골고루 시행될 수 있습니다. 그래야 모든 백성들이 평등하게 잘살 수 있습니다.

솥의 다리는 3개입니다. 이 균형이 잘 맞아야 솥이 제대로 서 있을 수 있습니다. 솥 안에 있는 밥이 잘 익으려면 쌀과 물과 불, 3가지 요소의 균형이 잘 맞아야 합니다. 불이 너무 세면 밥이 타고, 불이 너무 약하면 밥이 설익기 때문이지요. 잘 지은 밥은 함께 먹는 사람들을 기쁘게 합니다. 또한, 정치에서 필요한 자리에 적절한 사람이 있으면 나라가 평안합니다.

솥은 안정과 협력을 상징합니다. 3개의 발은 안정을 표현합니다. 3개의 발이 있으면 솥은 어느 편으로 기울거나 쓰러지거나 치우칠 근심이 없습니다. 4개 이상의 발이 그릇을 안정시킬 수는 있습니다. 그러나 그것은 이미 무의미한 복잡이요, 허식이요, 낭비이기도 합니다. 안정을 위한 것이라면 3개의 발로도 충분합니다. 크게 안정한 것은 언제나 질박하고 간소한 것에 있습니다. 3개의 발 중에서 1개라도 협력을 거부한다면 솥은 안정을 얻지 못합니다.

51

중뢰진(重雷震)
The Arousing(Shock, Thunder)

진상(☳)

진하(☳)

❖ 키워드
#천둥 #벼락 #반성

"천둥의 괘입니다.
천둥을 보고 두려워하는 마음처럼
초심을 유지하세요."

옛사람들은 천둥을 보고 자신의 몸가짐과 마음가짐을 바로잡았습니다. 천둥소리에 놀라 두려운 마음을 갖고 자신이 행여 잘못하지는 않았는지 반성한다면 나중에는 안도의 숨을 내쉬고 웃을 수 있습니다.

중뢰진은 진상진하, 즉 위도 우레(진괘 ☳), 아래도 우레(진괘 ☳)인 괘입니다. 중뢰진은 2개의 진괘가 겹쳐 있는 모양입니다. 진괘는 발이라고 하여 움직인다는 뜻도 있습니다. 하늘을 뜻하는 건괘(☰)는 아버지, 땅을 뜻하는 곤괘(☷)는 어머니입니다. 천지의 교합으로 천지간에 만물이 탄생하는데 이 탄생의 움직임이 바로 진괘이며, 천지(건곤)의 첫 번째 자식인 장남에 해당합니다. 지하에 있는 우레와 지상의 우레를 합한 형상입니다.

벼락과 지진 등은 천지가 진동하는 재난입니다. 사람들은 벼락을 매우 두려워했고, 하늘의 소리 앞에 자신을 반성하는 계기로 삼았습니다. 두려움 앞에 자신을 돌아보고, 살아난 다음에는 서로 안심하고 웃습니다.

중뢰진의 핵심 단어는 '진래혁혁(震來虩虩)'입니다. 천둥이 오면 놀라서 두려워하고 자신이 행여 나쁜 일을 하지는 않았는지 반성한다는 뜻입니다. 비록 무섭고 놀라운 때이지만, 이럴 때일수록 자신의 행적을 돌이켜보고 반성하는 동시에 무서움에 온몸이 떨린다 할지라도, 이내 정신을 차려 한바탕 웃어 젖히고는 할 일을 해야 합니다.

스스로 두려워하며 주변을 살피고 삼가는 자세를 가질 수 있다면 결국에는 반드시 길합니다. 내 힘이 세다고 생각하여 세상 무서운 줄 모르면, 그 자만감으로 인하여 꽃도 못 피우고 쓰러질 수 있습니다. 때로는 천둥소리에 놀라 두려운 마음을 갖고 '내가 뭐 잘못한 것은 없는가?' 하며 자기 자신을 되돌아볼 수 있는 반성의 시간을 가져야 한다는 것입니다.

52

중산간(重山艮)
Keeping Still(Mountain)

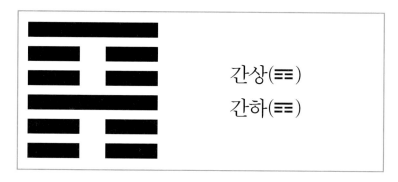

간상(☶)

간하(☶)

❖ 키워드
#멈춤 #그침 #간기배

"멈춤의 괘입니다.
너무 지나치게 나아가지 말고
적당히 그쳐야 할 때 그치면 허물이 없습니다."

산이 이중으로 겹쳐 있습니다. 행할 때는 행해야 하고 그칠 때는 그침, 즉 때에 알맞게 중도를 행할 때, 제대로 그치는 것이 됩니다. 말을 조심하고, 행동을 조심하게 되면 나를 노리는 사람의 눈을 비켜갈 수 있어 허물이 없습니다.

중산간은 간상간하, 즉 위도 산(간괘 ☶), 아래도 산(간괘 ☶)인 괘입니다. 간괘는 서로가 호응하지 않고 모두가 대립하며 배척하는 형상입니다. 남과 나 사이에 마음의 연결이 없고 세상과 나 사이에 장벽이 있어서 서로 간의 대화가 막혀 있습니다. 중산간은 산이 위아래 이중으로 겹쳐 있는 괘입니다. 산을 뜻하는 간(艮)은 그쳐 머무른 상태, 멈춤을 뜻합니다. 하여 중산간은 그침의 괘입니다.

중산간의 핵심 단어는 '간기배(艮其背)'입니다. 배(背)는 등입니다. 사람의 몸 가운데 등은 욕심이 하나도 없는 곳입니다. 그래서 그 등에 그쳐야 자기를 잊어버리는 무아지경(無我之境)의 그침이 됩니다. 등 뒤에 있으니 지극히 가까울지라도 보지 못하게 되고, 외물과의 접촉이 없으니 욕심이 싹트지 않아 그침의 도를 분명히 할 수가 있습니다. 등에 그쳐 자기를 잊어버리는 것은 그치는 상태에서 그침이니 허물이 없고 그 도가 더욱 빛납니다.

행할 때는 행해야 하고 그칠 때는 그침, 즉 때에 알맞게 중도를 행할 때, 제대로 그치는 것이 됩니다. 우리 몸의 앞쪽, 즉 눈, 코, 입, 귀는 보고, 듣고, 냄새 맡고, 맛보고, 말하는 다양한 활동들과 동적인 상태와 관련되어 있습니다. 이에 비해서 등은 주로 '등을 대고 누워 편안히 쉰다'라든지 '세상에 등을 지고 조용히 살아간다'라는 표현에서 알 수 있듯이 비활동성, 정적인 상태와 연관됩니다. 그러므로 '그 등에 그친다'라는 말은 시끄럽고 흥분된 상태를 벗어나 고요하고 안정됨의 상태에 들어섬을 뜻한다고 할 수 있습니다.

또한, 이렇게 차분하고 안정된 자세를 유지하면 눈에 잘 안 띄어서 누군가에게 잘 잡히지 않게 됩니다. 세상에 내가 두드러지지 않도록 등허리에 그쳐 잠잠하게 되면 사람들도 나를 잘 몰라보고 그냥 지나치게 됩니다. 복잡다단한 세상일들에 구태여 많이 얽힐 필요가 없습니다. 말을 조심하고, 행동을 조심하게 되면 여러 사람들이 드나드는 정원 같은 곳에서도 사람들 눈에 안 띄고 그저 조용히 지나갈 수 있습니다. 그러면 나를 노리는 사람의 눈을 비켜갈 수도 있어서 허물이 없습니다. 과유불급이라는 말도 결국에는 너무 지나치게 나아가지 말고 적당히 그쳐야 할 때 그치라는 교훈입니다.

53

풍산점(風山漸)
Development(Gradual Progress)

손상(☴)
간하(☶)

❖ 키워드
#점점 #차츰 #기러기

"점점의 괘입니다.
모든 일에는 절차가 필요합니다.
서두르지 말고 차근차근 준비하세요."

나아갈 때는 너무 서두르면 안 됩니다. 천천히, 차근차근 해나가야 합니다.
브라운 아이즈의 노래 제목인 〈점점〉을 떠올려보세요.

풍산점은 손상간하, 즉 위는 바람(손괘 ☴), 아래는 산(간괘 ☶)인 괘입니다. 《주역》에서는 기러기를 등장시켜 풍산점을 설명합니다. 기러기는 날아갈 때 천천히 줄을 지어 납니다. 《주역》은 옛날 책이라 풍산점을 여자가 시집을 가는 것에 비유하는데, 거기에는 이유가 있습니다. 과거에는 시집을 갈 때 절차 없이 그냥 가는 것이 아니라, 천천히 육례(六禮)를 밟아서 갔기 때문에 그렇습니다. 마치 여자가 혼인을 준비하여 나아가듯 기러기 또한 이동에 질서가 있어 반드시 그 점차적 순서에 따릅니다.

《주역》의 예들은 자연 세계의 어떤 현상을 먼저 배치시킨 뒤에, 이어서 사회적 삶의 어떤 양태를 거기에 연관시킴으로써 비유를 통해 뜻을 알려줍니다. 《주역》은 자연 세계와 인간 영역을 상관적으로 파악하는 사고방식을 유지하고 있으며, 또 그러한 상관적 사고방식에 의해 형성된 세계관을 반영하여 쓰였습니다.

풍산점의 핵심 단어는 '점(漸)'입니다. 점(漸)은 '점점, 차츰, 천천히 나아감'을 뜻합니다. 풍산점은 산 위에 나무가 점점 자라는 상입니다. 어떤 나무라도 씨앗이 발아하고 싹이 트고 점진적으로 자라는 과정을 거쳐야 합니다. 자란다는 것은 봄의 기운을 타는 것입니다. 얼어붙은 땅을 뚫고 새롭게 솟구치려면 단단하게 응축하는 과정이 수반되어야 합니다. 우리는 과정을 거치지 않고 결과부터 내려고 달려들지만 그럴수록 삶은 공허해질 뿐 성장은 일어나지 않습니다. 자연의 법칙은 한 번 수렴해야 한 번 발산하는 운동성을 반복합니다. 하루만 봐도 알 수 있습니다. 낮이 오고 나면 어김없이 밤이 찾아옵니다. 그러므로 화려해지고 싶다면 음지에서 묵묵히 훈련하는 과정을 거쳐야 하는 법입니다. 그 힘으로 우리는 자라고 성장합니다.

54

뇌택귀매(雷澤歸妹)
The Marrying Maiden

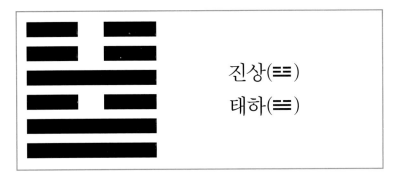

진상(☳)

태하(☱)

❖ 키워드
#혼인 #조심 #귀매

"혼인의 괘입니다.
당당하고 차분하게 전진하면
행운이 찾아옵니다."

혼인을 하되, 절차를 밟지 않고 사사로운 정과 욕심에 사로잡혀 동한다면 부부의 도가 문란해지는 것과 같아 흉합니다. 겉모습뿐만 아니라 마음가짐도 겸손하게 비우고 부족한 듯이 행동하세요. 마치 덜 차오른 달처럼 공손한 몸가짐을 가지면 길합니다.

뇌택귀매는 진상태하, 즉 위는 우레(진괘 ☳), 아래는 연못(태괘 ☱)인 괘입니다.《주역》에서는 충동적인 감정에 희열하여 따르게 되면 흉하다고 합니다. 상도를 따르지 않고 사사로운 정과 욕심에 사로잡혀 희열로써 동한다면 부부의 도가 문란해짐을 말했습니다. 여자가 남편을 버리고 다른 곳으로 가버리거나 남편의 사랑을 업고 오만을 부리고, 신하가 군주를 버리고 다른 곳으로 가버리거나 군주의 총애를 업고 권세를 남용하면 반드시 흉을 초래한다는 비유로 받아들여도 좋습니다.

뇌택귀매의 핵심 단어는 '귀매(歸妹)'입니다. 귀(歸)는 시집간다는 뜻이고, 매(妹)는 손아래 누이나 소녀를 뜻합니다. 귀매는 여자의 일생에 대한 것을 나타냅니다. 귀매는 고립돼 있던 여자가 남자에게 의지하여 결혼을 전제로 만나는 것입니다.

고대에는 결혼 전 '육례'라는 절차를 거쳤습니다. 먼저 중매인을 통해 혼인 의사를 밝히고 신부 측에서 결혼을 허락하면 기러기를 신랑 측에 선물로 보냅니다. 그다음에는 신부 집안 어른들의 이름과 관직, 재산 상황, 신부의 이름과 생년월일을 받은 후 신랑이 점을 쳤습니다. 이런 식으로 총 6번의 절차를 차례로 지켜 결혼하는 것이 올바르다는 것이《주역》의 표현입니다.

이 귀매괘에 대해 괘사에서는 신부가 신랑을 만나 기뻐하며 결혼하는 것은 당연한 일이지만 기쁨에 너무 들떠서 나서는 것은 보기에 좋지 않다고 합니다. 하지만 21세기를 살아가는 현재의 우리는《주역》의 내용을 상황에 맞게 달리 해석해야 할 필요도 있으니 뇌택귀매를 두고 '여자의 시집'이라는 단편적인 해석에 너무 몰입할 필요는 없습니다.

55

뇌화풍(雷火豐)
Abundance(Fullness)

≡≡ ≡ ≡≡

진상(☳)

리하(☲)

❖ 키워드

#풍년 #풍요 #삼세부적 흉

"풍년의 괘입니다.
독식하려 하지 마세요.
풍성함을 나누어야 형통합니다."

풍요로운 식탁에서 내일의 모자람을 생각하는 지혜가 필요합니다. 성한 기운도 때가 다하면 곤궁해지기 마련이니까요. 욕심이 하늘 끝까지 이르러 풍성함을 다른 사람이 볼까 봐 감춘다면, 더불어 할 사람이 없어져 흉합니다.

뇌화풍은 진상리하, 즉 위는 우레(진괘 ☳), 아래는 불(이괘 ☲)인 괘입니다. 풍괘는 태양이 중천에 도달한 정오의 때를 상징합니다. 가장 밝은 것을 뜻하니 문명이 최고도로 발전된 시기가 풍(豐)입니다. 풍(豐)은 '풍성하다, 풍만하다'라는 뜻입니다. 뇌화풍은 한낮에 해가 하늘 꼭대기에 있어 온 세상을 다 비춰 만물이 화창하게 피어나더라도 언젠가는 해가 질 때가 있듯이 현재는 풍요로움이 세상에 넘쳐나더라도 부족할 때도 생길 것이니 미래를 조심해서 대비해야 함을 덧붙여 알려주고 있습니다. 이른바 '풍요로운 식탁에서 내일의 모자람을 생각하라'는 것이지요.

우리는《주역》을 읽으며 복이 다하면 재앙이 오고, 달도 차면 기운다는 것을 배웁니다. 뇌화풍에서도 다르지 않습니다. '해가 중천에 뜨면 기울고, 달이 차면 이지러지니, 천지가 차고 빔도 때가 더불어 줄고 부는데, 하물며 사람이며 하물며 귀신이랴'라는 말도 있듯이 뇌화풍의 성한 기운도 때가 다하면 곤궁해지기 마련입니다.

음양의 법칙상, 화려하고 풍요로운 시대의 이면에는 어두운 그림자가 반드시 존재하기 마련입니다. 풍요의 시대에 인정은 점점 메말라가고 있습니다. 사람과 사람이 함께 밥을 먹기가 어려워지고, 등잔불이 아닌 눈부신 조명 아래 가족들의 마음은 그늘에 묻혀 삽니다.《주역》은 호화 주택에서 과소비하며 풍요의 극치를 누릴 때 어떻게 행동해야 할지, 풍요롭더라도 결코 행복하지 않은 이유가 무엇인지를 경계하며 말해줍니다.

뇌화풍의 핵심 문장은 '풍기옥 부기가 규기호 격기무인 삼세부적 흉(豊其屋 蔀其家 闚其戶 闃其无人 三歲不覿 凶)'입니다. '그 가옥을 성대하게 지었으나, 그 집안을 덮개로 가렸다. 그 문 안을 엿보아도 적막하고 사람이 없다. 3년이 지나더라도 사람을 보지 못하게 될 것이니 흉하다'라는 뜻입니다. 풍성한 때의 극에 있으나 그 풍성함을 혼자 독식하며 감추기에 급급한 상황을 말합니다. 욕심이 하늘 끝까지 이르러 집을 풍성히 하며 베풀지 않고 그것을 다른 사람이 볼까 봐 감추니, 더불어 할 사람이 없어 흉합니다. 집안이 부유하여 휘황찬란한 겉모습을 나타내고 있다 한들, 사람들의 마음이 감추어져 있어 서로 왕래함이 없는 삭막한 세월이 몇 년씩 이어진다면 무슨 소용이 있겠습니까?

56

화산려(火山旅)
The Wanderer

리상(☲)
간하(☶)

❖ 키워드
#여행 #인생은 나그네 길 #려쇄쇄

**"여행자의 괘입니다.
머무르지 말고 길을 나서세요.
여행은 조심스럽게!"**

여행을 떠난 사람이 객지에서 행색이 초라하고 볼품이 없으면 경멸당하고 천대받습니다. 여행길에 곤경을 당하지 않으려면 조심하고 공경한 마음을 가져야 합니다.

화산려는 리상간하, 즉 위는 불(이괘 ☲), 아래는 산(간괘 ☶)인 괘입니다. 화산려는 아래에 산이 있고 그 위에 불이 있는 괘입니다. 산이 육중하게 그쳐 있는 상태이고, 불은 이리저리 흩어지는 형상입니다. 산 위에 불이 나 있어 마치 여기저기 옮겨붙음이 여행을 다니는 것과 비슷합니다. 내괘인 집은 산으로 가만히 있고, 외괘인 사람은 밖으로 흩어져서 떠돌아다닙니다. 바람 따라 구름 따라 떠돌아다니는 여행자의 상입니다.

《주역》은 여행을 떠날 때 정숙함을 가지라고 충고합니다. 자칫 집을 떠나 멀리 여행을 간다 하면 마음이 들떠서 경솔해지기 쉽습니다. 경솔하면 실수하게 되거나 다치게 되거나 봉변을 당할 수도 있습니다. 그래서 바르게 함이 좋을 것이라고 말해주는 것입니다.

삶은 여행과 같습니다. 누구나 인생길은 처음 가보는 길입니다. 다만, 어디로 갈 것인지 정해지면 쉼 없이 갈 뿐이지요. '인생은 나그네 길'이라는 노랫말도 있지요. 이 세상은 하나의 거대한 여인숙이고, 우리는 모두 거기에 머무는 여행자들입니다. 조만간 다시 어딘가로 떠날 존재들이기에 지금 잠시 머무는 이 세상에 집착하고 매달리는 것은 어리석습니다.

화산려의 핵심 문장은 '려쇄쇄(旅瑣瑣)'입니다. 쇄(瑣)는 자질구레하다는 뜻입니다. 《주역》은 여행자의 첫걸음에는 자질구레하게 궁색한 짓을 하지 말고 당당하면서도 겸손하라고 합니다. 미지에 대한 도전과 여행이라는 모험에 있어 자질구레한 계산법과 좀스러운 태도는 재앙을 불러옵니다. 객지에서 자잘한 일로 시비나 걸고 야비하게 굴면 주변의 도움은커녕 몰매를 맞으니, 여행길에 곤경을 당하지 않으려면 조심하고 공경한 마음과 담대한 기상을 가져야 합니다.

57

중풍손(重風巽)
The Gentle(Wind)

손상(☴)

손하(☴)

❖ 키워드
#바람 #온화함 #선경삼일 후경삼일

"바람의 괘입니다.
온화함과 순함을 갖추고
도움을 구하세요."

바람은 부드러운 기운으로 공손함을 뜻합니다. 공손한 자세로서 조심조심 나아간다면 일이 조금씩 풀릴 것이며, 조력자의 도움이나 조언을 받는 것이 좋습니다. 자신의 생각대로만 하지 말고 여러 사람의 말을 잘 귀담아들으세요.

중풍손은 손상손하, 즉 위도 바람(손괘 ☴), 아래도 바람(손괘 ☴)인 괘입니다. 손(巽)은 바람을 뜻합니다. 바람이 2번 연이어 있어서 중풍손이 됐습니다. 바람은 부드러운 기운으로 공손함을 뜻합니다. 바람은 남과 충돌하기를 싫어하며, 언제나 태도를 부드럽게 하여 겸손히 그 옆을 비켜 갑니다. 아무리 어려운 상황에서도 공손하다면 막힐 일이 없습니다. 또한 어려운 때일수록 공손한 태도로 대인을 만나 도움을 받아야 이롭다는 것이 중풍손괘가 전하는 바입니다.

손(巽)은 부드럽고 공손하다는 뜻인데, 손괘가 2개나 겹쳐 있으니 그 의미가 더욱 강합니다. 공손한 자세로 조심조심 나아간다면 어려운 상황을 맞아도 일이 조금씩 풀릴 것이며, 독불장군처럼 굴지 말고 누군가의 도움이나 조언을 받는 것이 낫습니다. 자신이 강하다고 너무 거칠게 밀어붙이면 사람들은 오히려 반발하며 잘 따라오지 않고 일이 형통하게 잘될 리가 없습니다. 중풍손은 공손하게, 한쪽으로 치우치지 말 것을 제시합니다. 그렇게 하면 사람들이 따라오기 쉬우며, 무슨 일을 펼쳐나가더라도 성공할 수 있습니다.

중풍손의 핵심 문장은 '선경삼일 후경삼일(先庚三日 後庚三日)'입니다. '변화의 시기에 앞뒤로 공손하고 조심하면 좋을 것이다'라는 뜻입니다. 갑을병정무기경신임계, 즉 천간(天干)에서 경(庚)은 '변경, 새로운 시작'을 뜻하는 변혁의 글자입니다. 경(庚)보다 앞선 사흘이란 천간의 글자 정(丁)을 말하며, 미리 신중을 기한다는 뜻입니다. 그리고 경(庚)보다 나중 사흘은 계(癸), 즉 미리 헤아린다는 뜻입니다. 그러므로 선경삼일(先庚三日), 후경삼일(後庚三日)은 '자신의 생각대로만 하지 말고 신중하게 어려움을 헤아린다', 또는 '중대사일수록 여러 사람의 말을 잘 귀담아들어 신중하게 결정해야 한다'라는 뜻입니다.

58

중택태(重澤兌)
The Joyous(Lake)

태상(☱)

태하(☱)

❖ 키워드
#기쁨 #화태 #부태

"기쁨의 괘입니다.
단, 기뻐하되 기쁨에도
과유불급은 적용됩니다."

근본을 알지 못하는 지나친 쾌락과 신뢰에서 생기는 미더운 기쁨을 구별해야 합니다. 기쁨에 있어 사사로운 마음이 없고 오직 조화를 꾀한다면 길합니다.

중택태는 태상태하, 즉 위도 연못(태괘 ☱), 아래도 연못(태괘 ☱)인 괘입니다. 연못은 갇혀 있는 물을 말합니다. 태(兌)는 물이 일렁이듯 밖으로 기쁨을 표출하는 상입니다. 가을을 맞아 단단히 결실을 맺는다는 뜻이 있고, 음효가 위에 있어 웃고 말하고 기뻐하는 상입니다. 중택태는 기쁨의 괘입니다. 지나친 기쁨을 탐닉하지 말라고 경계하였으나 백성을 기쁘게 하는 것이 도리어 나를 이롭게 하는 일입니다.

중택태의 핵심 단어는 '화태(和兌)'와 '부태(孚兌)'입니다. 화태(和兌)는 조화로움으로 기뻐함, 진정한 어울림으로 기뻐함을 말합니다. 자기 자신을 낮추어 온화하고 기쁘게 따르되 편벽되고 사사로운 마음이 없는 상태입니다. 속마음에 다른 뜻을 품는 것은 간교하고 아첨하는 행실입니다. 사사로운 마음으로 화목하려는 뜻이 없고 오직 조화를 꾀할 따름이면 길하다고 합니다.

부태(孚兌)는 믿어 기뻐함입니다. 믿음으로 충실한 사람은 주변의 가벼운 기쁨에 흔들리지 않습니다. 이는 신뢰에서 생기는 미더운 기쁨입니다. 자신을 잘 지켜서 행동을 미덥게 한다면 후회가 없고 길합니다. 흔들리지 말고 신의와 믿음을 가지고 나아가라는 경계입니다.

풍수환(風水渙)
Dispersion(Dissolution)

==== === ====

손상(☴)

감하(☵)

❖ 키워드
#흩어짐 #해체 #환기혈거척출

"흩어짐의 괘입니다.
멈춰서는 안 됩니다.
어려움을 흐트러뜨리고 탈출하세요."

분산, 소멸, 해체, 해산 등을 의미합니다. 암울한 감정은 토하는 신체적 행위
에서 흩어지고, 막히고 뭉친 기운은 기침과 콧물을 다 쏟아낸 후 멈춥니다.
흩어지는 때일수록 바름을 지키고 정신을 차려야 합니다.

풍수환은 손상감하, 즉 위는 바람(손괘 ☴), 아래는 물(감괘 ☵)인 괘입니다. 과거에 왕이 종묘사직에 제사를 지내는 것은 흐트러진 민심을 모으는 방법이었습니다. 역대의 왕조가 묘당을 두어 조상신을 모신 이유가 여기에 있습니다. 환(渙)은 흩어지는 것입니다. 이러한 때에 정성을 모아 잘 이겨나가야 이로우니, 흩어지는 때일수록 바름을 지켜야 합니다. 환괘는 손괘 아래에 감괘가 있는 상이니, 바람으로 인해 물결이 일렁여 수면 위에 퍼져서 흩어지는 형상입니다.

풍수환은 흩어지는 괘이지만 왕이 사당을 지어놓고 조상의 혼령을 지극하게 받들 듯이 하면 오히려 형통할 수 있다고 합니다. 역대 왕의 혼을 모신 곳을 '종묘(宗廟)'라 하고, 국토를 수호하는 신을 '사직(社稷)'이라 합니다. 종묘사직이 흩어지면 그 나라는 망합니다. 그래서 왕은 사당을 지어 흩어진 백성들의 마음이 조상을 받드는 마음으로 집약되도록 합니다. 이렇게 백성들의 마음이 모이면 나라가 영화롭게 됩니다. 큰 내를 건너는 것과 같은 힘들고 어려운 일도 너끈히 해냅니다.

풍수환의 핵심 문장은 '환기혈거척출 무구(渙其血去逖出 无咎)'입니다. 그 피가 제거되며, 두려움에서 벗어나 허물이 없다는 뜻입니다. 사람의 마음은 흩어지기 쉬우므로 위태롭고 미약합니다. 흩어짐을 마무리하는 자세는 강하면서도 겸손하여, 능히 그 험함을 멀리해야만 허물이 없습니다. 흩어짐의 극에 처하였으므로 혈거(血去), 즉 피 볼 일이 없어지는 상태입니다. 환의 위험, 피를 보는 위기가 사라졌으니, 두려움에서도 벗어나게 됩니다.

60

수택절(水澤節)
Limitation

䷻

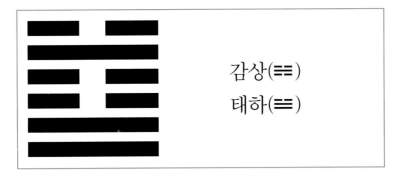

감상(☵)

태하(☱)

❖ 키워드
#절제 #마디 #고절

"절제의 괘입니다.
하지만 괴롭게 절제하는 것은
오히려 옳지 못합니다."

욕망에는 한계가 없으므로 절도가 없으면 사치와 방종에 빠져서 재물을 상하게 하고 해를 끼치게 됩니다. 그러나 절도가 지나쳐서 고통에 이른다면 이는 오히려 옳지 못합니다. 지나친 고행은 오히려 수양을 그르칠 수 있어 스트레스의 이유가 됩니다.

수택절은 감상태하, 즉 위는 물(감괘 ☵), 아래는 연못(태괘 ☱)인 괘입니다. 절(節)은 마디를 말합니다. 마디란 대나무의 마디처럼 묵은 것이 끝나고 새로운 것이 시작되는 지점입니다. 이 세상에 마디가 없는 것은 없습니다. 동물은 관절이 있고, 식물도 마디가 있습니다. 4계절, 24절기 같은 천지자연의 변화도 하나의 마디라고 할 수 있습니다. 만일 마디가 없다면 천지 만물은 끝없이 팽창하다가 터져버립니다. 천지 만물이 분수에 맞게 절도를 지킬 수 있는 것은 전적으로 마디 덕분입니다. 고로 《주역》에서는 수택절을 형통하다고 봅니다.

수택절은 연못(☱) 위에 물(☵)이 넘치지도 모자라지도 않게 알맞게 찬 모양입니다. 연못에 물이 하나도 없이 말라버린 것이 택수곤괘의 이미지라면, 연못에 물이 들어차 있는 것이 절괘의 이미지입니다. 연못에 물이 풍부하게 있으므로 그 양을 잘 살펴보아서 다른 곳에 물을 가져다줄 수도 있고, 물이 필요한 사람들에게 연못을 개방할 수도 있습니다. 적재적소에 필요한 양을 잘 헤아려서 나누어줌을 절도 있게 하는 것이 바로 착한 정치라 할 수 있습니다.

수택절의 핵심 단어는 '고절(苦節)'입니다. 절괘는 인간 생활의 절도와 절제를 가르칩니다. 사람의 욕망에는 한계가 없으므로 절도로서 규제하지 않으면 사치와 방종에 빠져서 재물을 상하게 하고 해를 끼치게 됩니다. 그러나 절도가 지나쳐서 고통에 이른다면 이는 오히려 옳지 못합니다. 《주역》은 중용을 귀하게 여기므로, 지나치게 절(節)을 주장하면 큰일을 이룰 수 없습니다. 고절(苦節)은 중도를 지나친 절제를 말합니다.

대나무는 뿌리에서부터 계속해서 자라 뻗어나가지만, 중간중간 마디가 생김으로 한 번씩 멈춤이 있습니다. 마음의 흥분을 가라앉

히고 내가 너무 많이 나갔다고 생각되면 그칠 줄 아는 것이 곧 마디를 두는 것과 비슷합니다. 그래서 절제함이 형통할 수 있습니다. 그러나 너무 강제적으로 억제하고 절제하면 오히려 아니 함만 못하게 됩니다. 그래서 괴로워하면서 절제함은 올바른 자세가 아니라고 덧붙였습니다.

61

풍택중부(風澤中孚)
Inner Truth

䷼

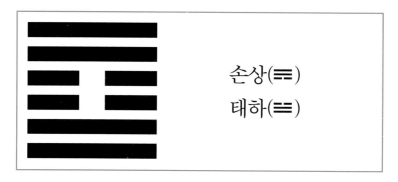

손상(☴)

태하(☱)

❖ 키워드
#믿음 #돼지와 물고기 #부

"믿음의 괘입니다.
의심을 거두고
강력한 믿음을 가지세요."

안으로는 기쁜 마음을 가지고 밖으로 공손하게 하면 믿음이 온 나라 사람은 물론 돼지나 물고기에게까지 미치게 됩니다. 이렇게 믿음으로 충만하면 어떤 큰일도 헤쳐나갈 수 있습니다.

풍택중부는 손상태하, 즉 위는 바람(손괘 ☴), 아래는 연못(태괘 ☱)인 괘입니다. 풍택중부의 아래는 연못을 상징하는 괘인데 기뻐한다는 의미가 있고, 위는 바람을 상징하는 괘로 공손하다는 의미가 있습니다. 그러니 사람도 풍택중부의 형상대로 안으로는 기쁜 마음을 가지고 밖으로 공손하게 하면 믿음이 온 구석까지 미치게 됩니다. 중부괘의 상은 부모 품에서 어린 생명이 자라나는 모습입니다. 중간에 유약한 음을 양들이 에워싼 형상이며, 상괘와 하괘의 중심에 양이 처하여 서로 미더운 모습입니다. 이렇게 서로가 믿음으로 충만하니 어떤 큰일도 헤쳐나갈 수 있습니다. 믿음을 가지기 위해서는 어떤 욕심이나 목적을 버리고 자신을 비워야 합니다.

풍택중부의 핵심 단어는 '부(孚)'입니다. 연못 위에 바람이 불면, 연못에 낀 자욱한 안개가 살며시 걷히게 됩니다. 연못 위의 안개가 걷히듯, 사람에 대한 불신과 의심이 걷히게 되면, 그 사람에 대한 믿음이 생겨나게 됩니다. '미쁠 부(孚)' 자는 '손톱 조(爪)' 자와 '아들 자(子)' 자가 합쳐진 글자로 어미 새가 제 발로 알의 위치를 바꿔가며 품고 있는 것을 뜻합니다. 돼지와 물고기는 감각이 둔하며 무례하여 사람을 감동시키기 어려운데, 신의가 이런 미물에게까지도 미쳤다면 가히 통하지 못할 곳이 없으므로 길합니다. 진짜 믿음이란 사람을 믿게 하는 것은 물론이고 미물까지 믿게 할 수 있어야 한다는 비유입니다.

62

뇌산소과(雷山小過)
Preponderance of the Small

진상(☳)
간하(☶)

❖ 키워드
#지나침 #넘침 #비조이흉

"작은 지나침의 괘입니다.
작게 지나침은 괜찮아도
크게 지나침은 좋지 않습니다."

지나침과 넘침은 언제나 경계해야 할 덕목입니다. 소과는 이미 조금 지나쳐 있으니, 더 큰 욕심을 부리지 않는 것이 관건입니다. 그렇지 않으면 영영 크나큰 잘못을 치르는 대과가 되고 맙니다.

뇌산소과는 진상간하, 즉 위는 우레(진괘 ☳), 아래는 산(간괘 ☶)인 괘입니다. 괘의 모양은 위아래의 음효가 양쪽 날개이고, 가운데 양효가 몸뚱이 모양입니다. 소과괘는 날아가는 새의 모습을 그리면 됩니다. 새가 자꾸 올라가려고만 한다면 대과로 욕심을 부리는 꼴이 되니 이치에 맞지 않습니다. 소과일수록 순해야 하니 소과에서 순리대로 하지 못하면 대과가 되고 맙니다. 작은 일이 좋고 큰일은 불리합니다.

뇌산소과는 비록 조금 지나치나 오히려 형통하다고 합니다. 그 형통함은 바르게 하는 데서 옵니다. 근본이 이미 조금 지나쳐 있는데, 때도 모르고 자꾸 지나치기만 하는 것이 아니라, 갈 때가 되면 가고 설 때가 되면 서서 때와 더불어 행하는 것이 '바르게 지나치는 것'입니다. 하여 이때는 작은 일은 길합니다. 그렇지 않고 큰일을 벌리면 좋지 않습니다. 이미 소과는 중용에서 이탈한 상태이므로 더 큰 욕심을 부리지 않는 것이 관건입니다.

뇌산소과의 핵심 문장은 '비조이흉(飛鳥以凶)'입니다. 나는 새이기에 흉하다는 뜻입니다. 비조(飛鳥)는 조금 지나친 소과의 처음에 있으니, 날 능력이 없는 새끼 새에 해당합니다. 아직 어린 새가 날개가 겨우 생기기 시작했는데 시원치 않은 날개로 능력도 안 되면서 자꾸만 날아오르려 하는 모습이 영 좋지 않습니다. 나아갈 수 있는 적당한 때가 될 때까지 시간을 두고 기다려야 합니다. 능력도 없이 날아가려는 뜻만 강하니, 그 흉함을 막아볼 도리가 없습니다.

63

수화기제(水火旣濟)
After Completion

감상(☵)

리하(☲)

❖ 키워드
#완성 #완료 #유기수

"완성의 괘입니다.
건넘, 성공, 성취를 의미합니다.
이제 다음을 생각하세요."

기제(旣濟)는 완성을 뜻합니다. 이미 클 대로 큰 기득권자는 더 욕심을 부리지 말고 조심스럽게 자리를 지켜야만 이롭습니다. 달도 차면 기울고, 꽃도 피면 지는 일만 남습니다. 모든 것을 이루었으니 이제 차차 허물어지게 마련입니다.

수화기제는 감상리하, 즉 위는 물(감괘 ☵), 아래는 불(이괘 ☲) 인 괘입니다. 기제괘는 6개의 막대기 위치가 전부 바른 자리입니다. 양은 양의 자리에, 음은 음의 자리에 모두 위치했습니다. 모든 효가 다 제자리를 얻고 있어 완성을 뜻합니다. 음양이 이상적 조화를 이룬 괘가 기제괘입니다. 기제(旣濟)는 큰 어려움이 이미 지나갔다, 혹은 평정이 잘됐다는 의미입니다. 수화기제의 기제(旣濟)는 '이미 기(旣)' 자와 '건널 제(濟)' 자입니다. '이미 건넜다', 즉 말 그대로 산 넘고 물 건너 목적지에 도착했다는 말입니다. 그러나 완벽하게 제 자리에 놓인 것은 오히려 발전의 여지가 없습니다.

물이 불 위에 있는 것이 기제이니, 불이 물을 따뜻하게 데워주기도 하지만, 반대로 물이 불을 꺼버릴 수도 있는 형국입니다. 그래서 언제나 환란을 미리 생각하여 예방해야 한다는 경계의 의미도 있습니다. 이미 클 대로 큰 기득권자는 더 욕심을 부리지 말고 조심스럽게 자리를 지켜야만 이롭습니다. 처음은 길하지만 마침내는 흉하리라는 것은 기제가 모든 것을 이룬 괘이기 때문입니다. 모든 것을 이루었으니 이제 차차 허물어지게 마련입니다. 더는 올라갈 데가 없으면 내려올 일만 남습니다.

수화기제의 핵심 문장은 '유기수 려(濡其首 厲)'입니다. 그 머리를 적시므로 위태롭다는 뜻입니다. 꼬리를 적실까 봐 조심해야 할 판에 머리까지 적셔버렸으니 그 위태로움은 실로 말할 수가 없습니다. 물을 건너는 것은 모험입니다. 기제의 끝에 이르니 머리까지 적십니다. 너무 가버린 끝에 물속에 빠져버린 것입니다. 기제의 궁극에 달하여 위태로움이 머리를 적시기에 이르렀는데 어찌 스스로 오래갈 수 있겠습니까? 즉, 물길과 같이 위험함을 피해 건너갈 때는 마지막까지 주의를 기울여야 함을 당부합니다.

화수미제(火水未濟)
Before Completion

≡≡≡ ≡ ≡≡≡

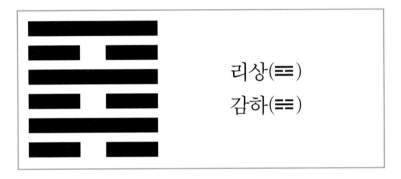

리상(☲)
감하(☵)

❖ 키워드
#미완성 #미제 #유부우음주 무구

"미완성의 괘입니다.
가능성은 언제나 열려 있습니다.
노력하며 수양을 게을리하지 마세요."

인생은 미완성입니다. 미제의 시기에는 주의 깊은 심사숙고와 조심스러운
행동이 필요합니다. 특히 술에 취해 머리를 적심을 경계하세요.

화수미제는 리상감하, 즉 위는 불(이괘 ☲), 아래는 물(감괘 ☵)인 괘입니다. 미완성을 뜻하는 미제의 때에는 지극히 신중하게 행하면 형통합니다. 화수미제의 '미제(未濟)'는 '아닐 미(未)' 자와 '건널 제 (濟)' 자입니다. 즉, '건너지 못했다', 또는 '완성하지 못했다'라는 뜻 입니다. '미제 사건'의 그 '미제'입니다.《주역》은 변화의 도를 담고 있는 책입니다. 하여《주역》의 순서는 자연의 순서와 함께 갑니다. 봄-여름-가을-겨울, 그리고 겨울이 지나면 다시 봄이 옵니다. 이렇 듯 자연에 완성이란 없습니다. 오직 순환만 있을 뿐입니다. 세상의 모든 사물은 완성에만 머물러 있을 수 없으며, 계속 진화하고 발전 해도 늘 미완성인 미제로 끝을 맺습니다.《주역》도 마찬가지입니다. 미제를 끝에 둠으로써 새로운 시작의 토대를 만들어두었습니다.

어린 여우가 물을 건너려고 겁 없이 뛰어들었습니다. 거의 건넜 으나 결국은 꼬리를 적셔서 못 건너고 맙니다. 미제의 시기에는 주 의 깊은 심사숙고와 조심스러운 행동이 필요합니다. 형통한 때를 잘 보내기 위해서는 무모한 짓을 하지 말고 조용히 때를 기다려야 합니다. 미제괘는 건너지 못했다는 뜻의 괘이므로 기제가 되기 위 하여 노력하고 자기 수양을 게을리하지 않아야 합니다.

화수미제의 핵심 문장은 '유부우음주 무구 유기수 유부 실시(有 孚于飮酒 无咎 濡其首 有孚 失是)'입니다. 믿음을 두어 술을 마시면 허물이 없지만, 그 머리를 적실 정도로 마시면 믿음을 잃는다는 뜻 입니다. 어떤 성취 후에 그것을 즐기며 스스로를 지키면 허물이 없 으나, 너무 즐거움에 탐닉하면 바름을 잃어 해롭습니다. 술독에 머 리가 빠지도록 술을 마신다는 건《주역》에서 중히 여기는 중용과 절도를 잃은 것입니다. 즐기자고 마시는 술을 과하게 마셔 정신이 혼미해질 정도가 되면, 믿음이 깨져버려 옳지 못한 행동이 됩니다.

《주역》은 우리 인생의
내비게이션입니다

　《주역》을 공부하려면 3대가 덕을 쌓아야 한다는 말이 있습니다. 그만큼《주역》을 접하기도 쉽지 않지만, 방대한 내용 앞에 무릎 꿇는 경우가 많다는 이야기이겠지요. '《주역》을 많은 사람들이 좀 더 간단하고 쉽게 볼 수는 없을까? 한글로만 편하게 읽을 수는 없을까?' 이런 질문들이 이 책을 만들게 된 계기입니다. 이 책을 지금 손에 쥐었다는 것은 어쩌면 여러분이《주역》을 선택한 것이 아니라, 《주역》이 여러분을 선택한 것일지도 모릅니다.

　본문에서도 여러 차례 언급했지만 서양의 분석심리학자 카를 융 역시《주역》에 매료된 사람 중 한 명이었습니다.

　이 특별한 책이 뒤흔들어 놓을 오만 가지 의문, 의심, 비판들에 대해서 난 답할 수가 없다. 《주역》은 증거와 결과를 거저 주지 않는다. 그것은 스스로를 자랑하지 않고, 접근하기도 쉽지 않다. 자연의 일부분처럼 그것은 발견될 때까지 기다린다. 그것은 사실이나 힘을 주지 않으며, 자신에 대한 깨달음이나 지혜를 사랑하는 사람을 위한, 그런 사람들이 있다면, 바로 그를 위한 책일 것이다(카를 융, 영문판《주역》서문의 일부).

《주역》은 '변화의 도'를 통해 하늘이 우리에게 보여주는 인생의 내비게이션입니다. 그것을 활용하면 삶의 큰 변화와 흐름을 알 수 있고, 어떤 상황이 와도 당황하거나 좌절하지 않게 됩니다. 운전을 하다 보면 '경로를 벗어났습니다'라는 말을 자주 듣게 됩니다. 그때마다 내비게이션은 꿋꿋하게 경로를 재탐색합니다. 내비게이션은 결코 좌절하거나 포기하지 않습니다.

길은 하나만 있는 것이 아니며, 변함없이 영원히 그대로인 길도 없습니다. 중요한 것은 내가 어디로 가려고 하는 것인지 그 목적지를 분명히 알고 있어야 한다는 것입니다. 가는 동안에 만날 수많은 상황과 대처 방안을 미리 파악하다 보면 어떤 문제가 내게 다가와도 능동적으로 해결할 수 있습니다.

역(易)을 잘 아는 사람은 점(占)을 치지 않는다(善爲易者不占).

순자의 말입니다.《주역》을 공부한 사람은 오히려 점을 치지 않습니다. 아니, 점을 칠 필요가 없다고 하는 편이 더 맞겠지요.《주역》의 모든 문장들이 이미 나의 머릿속과 마음속에 들어와 있는데 따로 점을 칠 필요가 있겠습니까? 그러니 여러분도《주역》이 '점치는 책이다'라는 편견을 버리고 '아침마다 한 구절씩 뽑아 읽는 좋은 문장'이라는 마음으로 편하게 대했으면 합니다. 그러한 의도로 만든 것이 바로 이 책과 소울주역카드입니다.

모든 일은 미리 준비되어 있으면 성공할 확률이 높고, 미리 준비되어 있지 않으면 실패할 확률이 높습니다. 말은 먼저 정해져 있으면 엎어지지 않고, 일은 먼저 정해져 있으면 곤란해지지 않으며,

행동은 먼저 정해져 있으면 탈이 나지 않고, 길(道)은 먼저 정해져 있으면 궁해지지 않습니다(凡事豫則立, 不豫則廢. 言前定則不跲, 事前定則不困, 行前定則不疚, 道前定則不窮),《중용》제20장).

항상 중용을 지키려 노력하면서 미리미리 위태로울까 여기면 정신이 모아지므로 당연히 평안케 되고, 무엇이든 소홀히 여기면 정신이 흩어지니 당연히 기울어짐을 알려주는 것이 바로 제가 생활 속에서 적용한《주역》입니다.

그 옛날 남명 조식 선생께서 '성성자(惺惺子)'라고 이름 붙인 깨달음의 방울을 허리춤에 차고 다닌 것도 바로 이러한 이유였을 것입니다. 실제 쇠 방울이 아니더라도 이 책을 통해 우리 각자가 눈에 보이지 않는 깨달음의 방울을 지니고 산다면 얼마나 멋지고 아름다운 세상이 될까요?

《주역》을 공부했다고 해서 앞으로 우리에게 닥칠 험한 길과 회전 구간들을 사전에 없애버릴 수는 없습니다. 하지만 적어도 오르막, 내리막, 좌회전, 우회전 구간이 펼쳐질 상황을 미리 알고 간다면, 조심할 때는 조심하고, 좋을 때는 교만을 경계하고, 어려움이 오면 이 또한 지나간다는 생각으로 버티며 나아갈 수 있는 무한 동력이 주어집니다. 그것이 바로《주역》이라는 내비게이션이 우리에게 갖는 의미입니다.

물론 내비게이션이 없어도 차를 운전하고 다니는 데는 문제가 없습니다. 마찬가지로《주역》을 읽지 않았다고 해서 세상살이가 불가능한 것은 아닙니다. 하지만 이것 하나만은 분명합니다. 내비게이션을 이용하면 목적지까지의 운행에 '큰' 도움이 되리라는 것이지요.

《주역》의 마지막 괘는 '화수미제'임을 기억하실 것입니다. 모든 것은 아직 끝나지 않았습니다.

감사의 글

《내 주역은 내가 본다》의 초안을 처음부터 끝까지 꼼꼼히 읽고 상세한 의견을 남겨주신 김수영, 김유정, 김주희, 김채아, 박보연, 안세은, 유은정, 이근주, 이지은, 이한아 님께 진심 어린 감사를 전합니다.

책을 만드는 과정에서 다양한 의견을 나눠주신 구경배, 김고은, 김선아, 김수정, 김수진, 김재연, 김학길, 류하영, 신혜영, 양지영, 임정희, 임종만, 전예린, 정유경, 채지원, 한지민 님께도 감사드립니다.

내 운명은 내가 본다 〔주역편〕

내 주역은 내가 본다

☷ ☶ ☰ ☵ ☳

초판 1쇄 인쇄 2023년 4월 17일
초판 1쇄 발행 2023년 4월 24일

글 DJ 래피
기획 골든리버
편집 한아름
디자인 섬세한 곰
마케팅 손지오 이민정 이태후 최지원 황나경

발행인 정회도
발행처 소울소사이어티
출판사 등록일 2020년 7월 30일

이메일 soul-society@naver.com
카카오톡채널 소울소사이어티

웹사이트 soulsociety.kr
인스타그램 @soulsociety.official
블로그 blog.naver.com/soul-society
유튜브 youtube.com/soulsocietykr

ⓒ DJ 래피, 2023
값 16,000원
ISBN 979-11-974103-8-3 03140